# 人工智能时代
## 传统文化的创新表达

关利平　周传鹏　著

哈尔滨出版社
HARBIN PUBLISHING HOUSE

**图书在版编目（CIP）数据**

人工智能时代传统文化的创新表达／关利平，周传
鹏著. -- 哈尔滨：哈尔滨出版社，2025. 1. -- ISBN
978-7-5484-8373-1

Ⅰ. K203

中国国家版本馆 CIP 数据核字第 202598NY51 号

书　　名：**人工智能时代传统文化的创新表达**
RENGONG ZHINENG SHIDAI CHUANTONG WENHUA DE CHUANGXIN BIAODA

作　　者：关利平　周传鹏　著

责任编辑：费中会

出版发行：哈尔滨出版社（Harbin Publishing House）

社　　址：哈尔滨市香坊区泰山路 82-9 号　邮编：150090

经　　销：全国新华书店

印　　刷：北京鑫益晖印刷有限公司

网　　址：www.hrbcbs.com

E - mail：hrbcbs@ yeah. net

编辑版权热线：（0451）87900271　87900272

销售热线：（0451）87900202　87900203

开　　本：880mm×1230mm　1/32　印张：5.5　字数：120 千字

版　　次：2025 年 1 月第 1 版

印　　次：2025 年 1 月第 1 次印刷

书　　号：ISBN 978-7-5484-8373-1

定　　价：58.00 元

凡购本社图书发现印装错误，请与本社印制部联系调换。

服务热线：（0451）87900279

# 前　　言

在人工智能日益融入我们生活的今天,传统文化的传承与创新显得尤为重要。本书旨在探讨人工智能时代下,传统文化的创新表达方式,以期在科技与文化之间搭建起一座桥梁,让古老的文化遗产在现代社会中焕发新的生机。在一个快速变化的时代,科技的迅猛发展正在深刻地改变着生活方式和思维模式。在这个时代背景下,传统文化的传承与发展面临着前所未有的挑战与机遇。人工智能作为当今科技的前沿,其强大的数据处理能力、学习能力及创造力,为传统文化的创新表达提供了无限可能。

本书内容共分为六个章节,第一章阐述了创新表达的时代特征和传统文化的现代语境,为全书奠定了理论基础。第二章聚焦于器物层的创新表达,探讨了传统文化元素在现代设计中的运用,同时分析了人工智能技术在传统工艺品制作中的新颖应用。第三章则转向制度层面,详细讨论了传统文化与现代制度的融合路径,以及人工智能在传统文化传承制度中的实际应用,进而探索了传统文化现代表达的制度创新。第四章深入研究了人工智能与传统文化艺术的交融,不仅讨论了人工智能在传统文化艺术创作中的角色与影响,还展示了二者之间的融合实践。第五章进一步扩展到文化产业领域,阐述了人工智能如何助力传统文化产业的发展,并展望了二者融合的发展前景。第六章则从政府实践的角度出发,以北京、上海等重点城市为例,具体分析了传统文化创新表达在城市建设与文化发展中的运用与影响。全书结构严谨,内容丰富,为传统文化的现代转化与人工智能的文化应用提供了深刻的见解。

# 目　　录

# 第一章　研究背景

## 第一节　创新表达的时代特征

### 一、创新表达的时代背景

#### (一)人工智能时代的来临

**1. 数据驱动与智能决策**

人工智能时代的核心在于数据。随着大数据技术的不断发展,我们现在可以轻松地收集、存储和分析海量的数据。这些数据涵盖人们生活的方方面面,从消费习惯到健康数据,从社交网络活动到在线教育学习,无一不包。而人工智能技术,特别是机器学习和深度学习算法,使得我们能够从这些数据中提炼出有价值的信息,进而做出更为明智的决策。例如,在教育领域,人工智能可以根据学生的学习数据,为其推荐更为合适的学习路径和资源。在商业领域,人工智能可以预测市场趋势,帮助企业制定更为合理的生产和销售策略。这种数据驱动和智能决策的模式,不仅提高了效率,更使得决策制定过程更为科学和精准。它改变了我们过去依赖经验和直觉的决策方式,让决策更加有数据支撑和说服力。

### 2. 智能化服务与产品的普及

人工智能技术的另一个重要应用是智能化服务和产品的开发。随着语音识别、自然语言处理、计算机视觉等技术的不断进步,人工智能已经能够为我们提供各种各样的智能化服务。例如,智能家居系统可以根据我们的生活习惯,自动调节室内温度、光照和音乐,使得家居环境更为舒适。智能音箱和语音助手可以帮助我们查询信息、设定提醒和播放音乐,无须动手即可完成任务。自动驾驶技术也正在逐步成熟,它将彻底改变我们的出行方式,提高交通效率和安全性。这些智能化服务和产品不仅让我们的生活变得更加便捷和舒适,更在某种程度上改变生活方式和习惯,能够帮助我们更加高效地管理自己的时间和生活,提高生活质量。

### 3. 文化创新与传承的新机遇

人工智能时代也为文化的传承和创新带来了新的机遇。传统文化是一个国家或民族的精神支柱,但在现代化的进程中,它们往往面临着传承和发展的困境。而人工智能技术为这一问题的解决提供了新的思路和方法。一方面,通过人工智能技术,我们可以对传统文化进行数字化保存和重现。例如,利用3D扫描和虚拟现实技术,可以将古老的建筑、艺术品和历史场景以数字化的形式保存下来,供后人学习和欣赏。这不仅可以延长传统文化的生命周期,更可以让更多的人以更为直观和生动的方式感受到传统文化的魅力。另一方面,人工智能技术也可以帮助我们创新传统文化的表达方式。通过将传统文化元素与现代科技相结合,我们可以创造出更为新颖和有趣的文化产品。例如,利用人工智能技术创作融合传统文化元素的音乐和艺术作品,或者开发基于传统文化主题的互动游戏和教育软件等。

## (二)传统文化的传承与挑战

### 1. 传统文化传承的新形式

人工智能技术的迅猛发展,为传统文化的传承提供了新的表达形式。传统的口头传授、文字记载等方式逐渐与现代科技结合,形成了数字化、虚拟化的传承方式。这种新形式的传承方式不仅更加生动、形象,还能吸引更多年轻人的关注,激发他们对传统文化的兴趣。此外,人工智能技术还可以帮助我们整理和挖掘传统文化的深层内涵。通过自然语言处理、数据挖掘等技术,可以对古籍、文献进行深度分析,提取出传统文化中的智慧和价值观念,为传统文化的传承提供更为丰富和深入的解读。

### 2. 传统文化面临的挑战

人工智能时代为传统文化的传承带来了新的机遇,但也伴随着一系列挑战。首先,全球化进程加速了各国文化的交流与融合,使传统文化的独特性受到冲击。在多元文化的背景下,如何保持传统文化的独特性和纯粹性,成了一个亟待解决的问题。随着科技的进步,人们的生活方式和审美观念发生了巨大变化。传统文化的内容和形式可能无法满足现代人的需求,因此需要进行适当的创新和发展。然而,如何在创新的过程中保持传统文化的精髓和价值观念,避免过度商业化或娱乐化对传统文化的扭曲和损害,也是一个需要关注的问题。传统文化的传承还需要面对人才匮乏的问题。随着老一辈艺术家的逐渐离世,年轻一代对传统文化的认知和兴趣也在逐渐减弱。

### 3. 传统文化的创新表达

面对上述挑战,需要积极探索传统文化的创新表达方式。可以利用人工智能技术对传统文化进行数字化保存和传播。通过数字化技术将传统文化以图像、音频、视频等多种形式保存下来,并通过互联网平台进行广泛传播。这种创新表达方式不仅可以突破时间和空间的限制,还能让更多人接触到传统文化的魅力。尝试将传统文化与现代艺术元素相结合,创造出新的艺术形式。例如,将传统戏曲与现代流行音乐相结合,推出融合传统与现代元素的音乐作品;将传统绘画与现代科技相结合,创作出具有互动性和沉浸感的数字艺术作品等。这些创新表达方式既能够保留传统文化的精髓,又能满足现代人的审美需求。通过教育和推广活动来增强公众对传统文化的认知和兴趣。例如,开设传统文化课程、举办传统文化展览和演出等,让更多人了解和学习传统文化。还可以利用人工智能技术开发互动式的教育软件和游戏,让年轻人在娱乐中学习传统文化知识。

## (三)创新表达的必要性

### 1. 适应时代变迁与满足现代审美

随着科技的飞速发展和全球化的推进,我们所处的社会环境和文化背景都在发生深刻的变化。这些变化不仅改变了我们的生活方式,也影响了我们的审美观念和价值取向。传统文化,作为历史的积淀和民族的瑰宝,要想在这个时代得以传承和发展,就必须与时俱进,适应现代社会的审美需求。创新表达是传统文化与现代审美观念之间的桥梁。通过创新表达,我们可以将传统文化的精髓以现代人喜闻乐见的形式呈现出来,更加贴近现代生活,更容易被现代人接受和喜爱。这种创新不仅体现在表达形式的更新上,更包括对传统文化内涵的深入挖掘和现代解读,使其在新的时代背景下焕发出新的光彩。通过运用现代的影视制作技术,我们可以将传统的历史故事以电影、电视剧的形式展现出来,让观众在享受视听盛宴的同时,感受到传统文化的魅力。又如,借助互联网和社交媒体平台,我们可以将传统文化元素融入网络文化中,以短视频、直播等形式传播传统文化,吸引更多年轻人的关注。

**2. 提升传统文化影响力与传播力**

在全球化的大背景下,文化多样性日益凸显,各种文化之间的交流与碰撞也日益频繁。要想在激烈的文化竞争中占据一席之地,提升传统文化的影响力和传播力就显得尤为重要。创新表达是提升传统文化影响力和传播力的有效途径。通过创新表达,我们可以将传统文化的独特魅力和价值观念以更加生动、有趣的方式呈现出来,吸引更多人的关注和讨论。这种关注度的提升不仅可以增强传统文化的社会影响力,还可以为传统文化的发展注入新的活力。同时,创新表达也有助于传统文化的国际化传播。通过将传统文化以现代、时尚的形式表达出来,可以打破文化差异和语言障碍,让更多国家和民族的人了解和欣赏到我们的传统文化。

这种跨文化的交流不仅有助于增进不同文化之间的相互理解和尊重,还可以为传统文化的传承和发展创造更加广阔的空间。

**3. 激发文化创新活力与推动文化产业发展**

创新是文化发展的核心驱动力。在传统文化领域,创新表达不仅可以激发文化创新的活力,还可以推动文化产业的发展。通过创新表达可以为传统文化注入新的元素和内涵,使其焕发出新的生命力。这种创新不仅可以满足现代人的审美需求,还可以为文化产业的发展提供源源不断的创意和灵感。例如,将传统文化元素融入现代时尚设计中,可以创造出独具特色的文化产品,满足消费者的个性化需求。以传统文化为主题开发的游戏、动漫等文化产品,不仅可以吸引年轻人的关注,为文化产业带来巨大的商业价值。同时,创新表达还可以推动文化产业的转型升级。随着科技的进步和消费者需求的多样化,传统的文化产业面临着巨大的挑战。通过创新表达打破传统产业的束缚,推动文化产业与科技、旅游等产业的融合发展,形成更加多元化、现代化的文化产业体系。

## 二、创新表达的核心要素

### (一)技术与艺术的深度融合

**1. 数字化重现与虚拟现实技术**

随着数字化技术的不断发展,传统文化的艺术形式得以通过数字化手段进行重现。过去,许多珍贵的艺术品由于时间的侵蚀或保存条件的限制,无法长时间地展示在公众面前。然而,通过高精度的数字化扫描与重现技术,这些艺术品可以以数字化的形式永久保存,并通过互联网平台供全球观众欣赏。这不仅解决了艺术品保存与展示的矛盾,还极大地拓宽了艺术的受众范围。此外,虚拟现实(VR)技术的运用更是为艺术欣赏带来革命性的体验。观众可以通过佩戴 VR 设备,身临其境地置身于艺术作品中,与艺术作品进行互动,获得沉浸式的艺术体验。这种全新的艺术欣赏方式打破了传统的艺术欣赏框架,使观众能够更加深入地理解和感受艺术作品的内涵。

**2. 算法创作与人工智能辅助**

算法和人工智能技术在艺术创作中的应用也日益广泛。传统的艺术创作往往依赖于艺术家的个人经验和技巧,而算法和人工智能的引入为艺术创作带来了更多的可能性和创新点。通过算法,艺术家可以模拟出各种复杂的艺术效果,甚至创造出传统手法难以实现的艺术形式。同时,人工智能可以辅助艺术家进行创作素材的搜集、整理和灵感的激发。例如,人工智能可以根据艺术家的创作风格和喜好,智能推荐相关的创作素材和灵感来源,大幅提高艺术创作的效率和质量。此外,人工智能还可以用于艺术作品的鉴赏和评价。通过对大量艺术作品的学习和分析,人工智能可以形成独特的艺术审美标准,为艺术家提供客观、科学的评价反馈,有助于艺术家不断改进和提升自己的创作水平。

**3. 交互式艺术与观众参与**

技术与艺术的深度融合还体现在交互式艺术的发展上。传统的艺术欣赏往往是单向的,观众只能被动地接受艺术作品所传递的信息和情感。然而,随着技术的发展,交互式艺术成为一种新的艺术表现形式。交互式艺术通过引入各种传感器和互动设备,使观众能够直接参与到艺术创作和欣赏过程中。观众可以通过触摸、声音、动作等方式与艺术作品进行互动,从而影响艺术作品的呈现方式和内容。这种交互式艺术不仅提高观众的参与度和沉浸感,还使艺术作品更加生动有趣。同时,交互式艺术也为艺术家提供了更多的创作空间和可能性。艺术家可以根据观众的互动行为和反馈来调整和完善艺术作品,使其更加符合观众的审美需求和期望。这种观众与艺术家之间的双向互动和反馈机制有助于促进艺术的创新和发展。

## (二)跨文化交流与多元融合

### 1.拓宽文化视野

跨文化交流为传统文化的创新表达提供了广阔的视野和丰富的灵感来源。通过与其他文化的深度交流,我们能够接触到不同的艺术创作理念、表现手法和审美观念,从而为本民族传统文化的创新提供新的视角和思考。例如,在民族音乐创作中,融入现代流行音乐的元素和风格,可以创作出既保留民族特色又富有现代感的音乐作品。这种跨文化的音乐融合,不仅能够吸引更多年轻人的关注,还能够推动民族音乐走向国际舞台。同样,在美术创作中,将传统的国画技法与西方的油画技法相融合,可以创作出具有独特风格和内涵的美术作品。这种创新性的表达方式既丰富了传统文化的艺术表现力,又展示了不同文化间的交流与融合。通过跨文化交流,我们还能够汲取其他文化中的优秀元素,并将其巧妙地融入本民族的传统文化中,从而创造出新的艺术形式和表达方式。这种创新性的融合不仅能够拓展传统文化的表现空间,还能够使其更加符合现代人的审美需求。

**2. 增强文化包容性**

跨文化交流不仅有助于我们了解和借鉴其他文化的优秀元素,还能够促进文化之间的互鉴与融合。在跨文化交流的过程中,我们可以发现不同文化之间的共性和差异,从而更好地认识和理解本民族传统文化的独特性和价值。通过与其他文化的交流互鉴,我们可以更加深入地挖掘本民族传统文化的内涵和精神实质,同时吸收其他文化中的有益成分,为传统文化的创新表达提供更为丰富的资源和灵感。这种跨文化的互鉴与融合有助于增强文化的包容性和多样性,使传统文化在全球化的大背景下焕发出新的生机与活力。在戏剧表演中,可以借鉴西方戏剧的表演手法和舞台设计,将其与传统戏曲的表演元素相结合,创造出新的戏剧形式和表演风格。这种创新性的表达方式既能够保留传统戏曲的独特韵味,又能够吸引更多观众的关注和喜爱。

## (三)用户体验与互动性增强

### 1. 个性化服务提升用户体验

随着人工智能技术的深入应用,可以为用户提供更为个性化和智能化的服务,从而极大地提升用户体验。在博物馆、图书馆等文化场所,利用人工智能技术,可以精准地分析每位用户的兴趣和偏好,进而为他们提供定制化的推荐和服务。以博物馆为例,通过人工智能技术,根据参观者的浏览历史和喜好,为其推荐最符合他们兴趣的展品和解说。这种个性化的导览服务,不仅能够让参观者在有限的时间内获取到最感兴趣的信息,还能让他们感受到博物馆的用心与温暖,从而大幅提升参观体验。在传统文化教育领域,人工智能技术同样可以发挥巨大作用。通过分析学习者的学习习惯和能力,可以为他们提供个性化的学习路径和反馈机制。这种智能化的教育方式,不仅能够让学习者更加高效地掌握传统文化知识,还能激发学习兴趣和动力。

**2. 互动性增强吸引用户参与**

在人工智能时代,互动性成为吸引用户参与的关键。通过社交媒体、在线互动平台等渠道,可以让用户更加便捷地参与到传统文化的传承与发展中来。这种参与感和归属感,不仅能够激发用户对传统文化的热爱,还能让他们成为传统文化的传播者和守护者。我们可以举办在线书法比赛、传统文化知识竞答等活动,让用户在参与中感受到传统文化的魅力。同时,这些活动还能为用户提供一个展示自己才华和交流学习的平台,进一步增强他们对传统文化的认同感和归属感。利用虚拟现实(VR)和增强现实(AR)等技术,为用户创造沉浸式的互动体验(如图1-1所示)。通过这些技术,用户可以身临其境地感受传统文化的魅力,从而更加深入地了解和喜爱传统文化。

**3. 智能化反馈机制优化用户体验**

在提升用户体验的过程中,智能化反馈机制也扮演着重要角

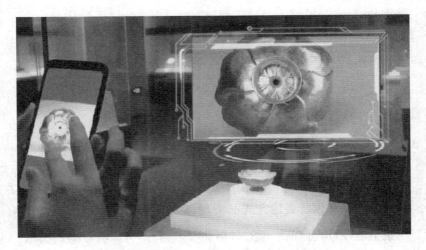

**图 1-1 探索 AR 技术在博物馆中的应用**

色。通过人工智能技术,我们可以实时收集和分析用户的反馈数据,及时调整和优化文化产品的设计和服务。通过智能化反馈系统收集参观者对展品的评价和建议,从而及时调整展品的布局和解说内容,以满足不同参观者的需求。在传统文化教育领域,也可以通过智能化反馈系统了解学习者的学习进度和难点,为他们提供更加有针对性的指导和帮助。同时,这种智能化的反馈机制还可以帮助我们及时发现和解决问题,提高服务质量。当用户遇到问题时,智能化反馈系统可以迅速响应并提供解决方案,从而提升用户对文化产品的满意度和忠诚度。在人工智能时代,提升用户体验与增强互动性成为创新表达的重要核心要素。通过个性化服务、互动性增强以及智能化反馈机制等手段,我们可以为用户提供更加优质的文化产品体验和服务。这不仅能够推动传统文化的传承与发展,还能让更多的人感受到科技与传统文化的完美结合所带来的魅力。

## 三、创新表达的影响与价值

### (一)对传统文化传承的积极推动作用

创新表达为传统文化的传承注入了新的活力。在过去,许多珍贵的传统文化因缺乏有效的传播手段而逐渐消失。然而,随着科技的发展和创新表达方式的涌现,这些传统文化得以以全新的面貌呈现在世人面前。通过数字化技术,我们可以将古老的文献、画作等进行高清扫描和数字化处理,使其在网络空间中永久保存,供后人学习和欣赏。这不仅延长了传统文化的生命周期,还拓宽了其传播范围,让更多的人有机会接触到这些璀璨的文化遗产。此外,创新表达还推动了传统文化与现代社会的融合。通过将传统文化元素融入现代艺术、设计、音乐等领域,我们不仅能够创造出具有独特魅力的艺术作品,还能够引导年轻人重新认识和喜爱传统文化。这种跨时代的融合不仅增强了传统文化的吸引力,还为其在现代社会中的传承和发展创造了有利条件。

### (二)对文化产业发展的促进作用

创新表达为文化产业的发展带来了巨大的推动力。随着科技的进步和创新表达方式的应用,文化产业的产品形态和传播途径都发生了翻天覆地的变化。例如,虚拟现实(VR)技术的引入使得观众可以身临其境地体验各种文化场景,如博物馆、古迹等,从而极大地丰富了文化产品的表现形式和吸引力。这种新颖的体验方式不仅吸引了大量的消费者,还为文化产业带来了可观的经济效益。同时,创新表达还推动了文化产业与其他产业的融合发展。通过将文化元素与旅游、教育、科技等产业相结合,我们可以创造出更多具有市场竞争力的产品和服务。这种跨界融合不仅拓展了文化产业的业务领域,还为其注入了新的增长点和发展动力。

## (三)对社会文化多样性和包容性的贡献

创新表达对于维护社会文化的多样性和包容性也起了积极的推动作用。在全球化的背景下,各种文化之间的交流与融合日益频繁。创新表达为我们提供了一个展示和传播各种文化的平台,使得不同文化之间能够相互了解、尊重和欣赏。这种文化的交流与融合不仅丰富了人们的精神生活,还促进了社会的和谐与进步。此外,创新表达还鼓励人们以开放和包容的心态去面对不同的文化观念和价值观。通过欣赏和理解其他文化的艺术作品和表达方式,我们可以拓宽自己的视野和思维方式,从而更加全面地认识和理解这个世界。这种开放和包容的文化氛围不仅有利于个人的成长和发展,还为社会的进步和创新提供了源源不断的动力。

# 第二节　传统文化的现代语境

## 一、人工智能时代下的传统文化重塑

### （一）传统文化元素的数字化高清重现

**1. 数字化扫描与处理技术**

数字化扫描与处理技术是实现传统文化元素高清重现的基础。通过高精度的扫描仪和专业软件，我们可以将传统文化元素，如古籍、书画、文物等进行高精度扫描，转化为数字图像。这些数字图像不仅保留了原作的细节和色彩，还可以进行放大、缩小、旋转等操作，便于研究者进行深入研究和分析。在处理过程中，还可以运用图像增强技术，如去噪、对比度增强、色彩校正等，进一步提高图像质量。这些技术的应用，使得传统文化元素以更加清晰、逼真的形式呈现在人们面前，增强人们对传统文化的感知和理解。此外，数字化扫描与处理技术还为传统文化的保存和传承提供了新的途径。通过数字化存储，我们可以将珍贵的传统文化元素永久保存下来，避免了因时间、环境等因素造成的损坏和遗失。

**2. 三维建模与虚拟现实技术**

除了数字化扫描与处理技术外，三维建模和虚拟现实技术也为传统文化元素的高清重现提供了有力支持。通过三维建模技术，我们可以将传统文化元素以三维模型的形式展现出来，使人们能够更加直观地观察其形态和结构(如图 1-2 所示)。这种三维模型不仅可以进行旋转、缩放等操作,还可以模拟真实的光照和材质效果,使得传统文化元素更加栩栩如生。虚拟现实技术则进一步提升了传统文化元素的重现效果。通过佩戴虚拟现实头盔和手柄等设备,人们可以身临其境地感受传统文化的魅力。例如,在虚拟博物馆中,人们可以自由地游览各个展厅,近距离欣赏各种珍贵的文物和艺术品;在虚拟历史场景中,人们可以穿越时空,亲身体验历史事件的发生和发展。这些虚拟现实体验不仅让人们更加深入地了解传统文化的内涵和价值,还激发了人们对传统文化的兴趣和热爱。

**图 1-2　未来 3D 建模和渲染将会是什么形态**

### 3. 数字化高清重现的意义与价值

传统文化元素的数字化高清重现不仅具有深远的文化意义,

还具有重要的实用价值。从文化意义上讲,数字化高清重现让传统文化以更加直观、生动的形式呈现在人们面前,增强了人们对传统文化的认知和认同感。这有助于传承和弘扬传统文化,增强民族自信心和归属感。从实用价值上讲,数字化高清重现也为文化教育、旅游推广等领域提供了新的机遇。在教育领域,通过数字化高清重现的传统文化元素可以作为生动的教学材料,帮助学生更加直观地了解传统文化的历史和内涵;在旅游推广方面,数字化高清重现的传统文化元素可以作为旅游景点的亮点和特色,吸引更多游客前来参观和体验。传统文化元素的数字化高清重现是人工智能时代文化传承与发展的重要手段之一。通过数字化扫描与处理技术、三维建模与虚拟现实技术等先进技术的应用,我们可以将传统文化元素以更加清晰、逼真的形式展现出来,让人们更加深入地了解和感受传统文化的魅力。这不仅有助于传承和弘扬传统文化,还为文化教育、旅游推广等领域提供了新的机遇和可能。

## (二)虚拟现实技术在传统文化展示中的应用

### 1. 构建虚拟历史场景,重现历史文化风貌

虚拟现实技术具有极强的模拟和再现能力,能够构建出逼真的虚拟历史场景,使观众仿佛穿越时空,亲身体验历史文化的风貌。在传统文化展示中,利用虚拟现实技术可以重现古代的建筑、街道、市井生活等场景,让观众置身于历史的长河中,感受传统文化的韵味。例如,在博物馆的展示中,通过虚拟现实技术可以构建一个虚拟的古代城市,观众可以自由地在其中游览,观察古代的建

筑风格、市民的生活状态以及当时的社会风貌。这种沉浸式的体验方式,不仅让观众更加直观地了解历史文化的细节,还能激发他们的想象力和探索欲,增强对传统文化的兴趣和理解。

### 2. 实现交互式文化体验,提升观众参与度

虚拟现实技术的另一个重要特点是交互性。在传统文化展示中,利用虚拟现实技术可以实现观众与展示内容的互动,提升观众的参与度。通过手柄、头盔等设备,观众可以在虚拟环境中进行各种操作,如打开古代的宝箱、穿上古代的服饰、参与古代的仪式等,从而更加深入地体验传统文化的魅力。此外,虚拟现实技术还可以结合语音识别、手势识别等技术,实现更加自然的交互方式。观众可以通过语音或手势来控制虚拟环境中的对象,进行更加直观和便捷的操作。这种交互式的文化体验方式,不仅增加了展示的趣味性和互动性,还能让观众更加主动地参与到文化的传承和发展中来。

## (三)人工智能助力传统文化研究与传播

### 1. 数据挖掘

人工智能技术在数据挖掘和知识发现方面的应用,对传统文化研究具有重大意义。传统文化研究往往涉及大量的古籍、文献和历史资料,这些资料的整理和分析工作烦琐且耗时。人工智能技术,特别是自然语言处理和机器学习算法,能够高效地处理这些文本数据。通过文本挖掘技术,研究人员可以快速地从浩如烟海的古籍文献中提取出关键信息,如人物、事件、时间、地点等,进而

分析传统文化的发展脉络和影响因素。此外,知识图谱技术能够帮助研究者构建传统文化的知识网络,揭示文化元素之间的关联和演变规律,为深入研究提供有力支持。

### 2. 智能分析与模式识别

人工智能技术在智能分析和模式识别方面的应用,为传统文化研究带来了革命性的变革。传统的文化研究方法往往依赖于研究者的主观判断和经验积累,而人工智能技术则能够提供更加客观、准确的分析结果。例如,在书法艺术研究中,人工智能技术可以通过分析大量的书法作品,识别出不同书法家的风格特征,甚至能够预测某一书法家在特定情境下的创作风格。这种智能分析不仅提高了研究的精确度,还为书法艺术的鉴赏和收藏提供了新的视角。此外,在传统文化遗产的保护与修复方面,人工智能技术也发挥了重要作用。通过图像识别和处理技术,人工智能可以辅助文物修复师进行精确的文物鉴定和修复工作,提高修复效率和质量。

## 二、智能化交互与传统文化的现代体验

### (一)智能化交互技术在传统文化传播中的应用

### 1. 提供沉浸式体验,增强感知深度

智能化交互技术通过虚拟现实(VR)、增强现实(AR)等手段,为受众提供了沉浸式的文化体验。这种技术能够打破传统的静态欣赏方式,使受众身临其境地感受传统文化的魅力。例如,在博物

馆展览中,利用 VR 技术重现历史场景,观众可以穿越时空,亲身体验古代生活,感受古代文化的韵味。这种沉浸式体验不仅让观众对传统文化有更深刻的理解,还能激发他们的兴趣和好奇心,进一步促进传统文化的传播。同时,这种沉浸式体验还具有很强的代入感,能够让观众更加投入地参与到传统文化的体验中。他们可以通过自己的操作和探索,更深入地了解传统文化的内涵和精髓。这种参与感和体验感是传统文化传播中非常重要的因素,能够让观众更加积极主动地了解和传播传统文化。

**2. 实现个性化互动,满足多元需求**

智能化交互技术还能实现个性化的互动体验,满足受众的多元需求。传统文化的内容丰富多样,不同受众对其的理解和兴趣点也各不相同。智能化交互技术可以根据受众的个人喜好和需求,提供定制化的文化内容和服务。例如,通过智能推荐系统,可以根据用户的历史浏览记录和兴趣偏好,为其推送相关的传统文化内容。这种个性化的推送方式能够让受众更加精准地接触到自己感兴趣的文化信息,提高传播效果。同时,受众还可以通过智能化的交互界面,与传统文化内容进行互动,如参与在线问答、解谜游戏等,增强参与的趣味性和互动性。此外,智能语音交互技术的应用也使得传统文化的传播更加便捷。受众可以通过语音指令来查询和了解传统文化知识,这种自然的交互方式降低了信息获取的门槛,使得更多人能够轻松地接触到传统文化。

**3. 拓宽传播渠道,促进文化交流**

智能化交互技术还拓宽了传统文化的传播渠道,促进了文化交流。通过互联网和移动设备,智能化交互技术可以将传统文化的内容和服务推送到全球范围内,打破地域限制,让更多人了解和欣赏到不同地区的传统文化。同时,智能化交互技术也为传统文化的国际交流提供了便利。通过在线平台,不同国家和地区的受众可以实时互动、分享彼此的文化经验和见解。这种跨文化的交流有助于增进相互理解和尊重,推动文化的多样性和包容性发展。智能化交互技术在传统文化传播中发挥着重要作用。通过提供沉浸式体验、实现个性化互动以及拓宽传播渠道等方式,智能化交互技术让传统文化的传播更加生动有趣、便捷高效。这不仅有助于提升受众对传统文化的认知和兴趣,还能促进文化的交流与发展。未来随着技术的不断进步和创新应用模式的探索与实践,智能化交互技术将在传统文化传播中发挥更加广泛和深入的作用。

## (二)个性化推荐系统与传统文化的精准传播

### 1. 用户画像与精准定位

个性化推荐系统的核心在于构建精细的用户画像。通过分析用户的浏览历史、搜索记录、购买行为等多维度数据,系统能够为用户打造一个全面的数字身份。在传统文化传播中,这意味着可以根据用户的兴趣、年龄、性别、地域等特征,为其推荐符合其喜好的文化内容。对于热爱古诗词的用户,推荐系统可以推送经典的古诗词赏析、诗人的生平事迹、相关的历史文化背景等。对于对古代艺术品感兴趣的用户,则可以推荐古代书画、陶瓷、玉器等艺术品的鉴赏知识和市场动态。这种基于用户画像的精准定位,确保了每个用户都能接收到与自己兴趣点高度匹配的文化内容,从而提高了传播的针对性和效果。此外,用户画像还可以帮助传统文化传播者更好地理解目标受众,优化内容创作和推广策略。通过深入分析用户的兴趣和需求,传播者可以制作出更符合受众口味的文化产品,进一步提升传播的吸引力和影响力。

### 2. 协同过滤与内容推荐

协同过滤是个性化推荐系统中的一种重要技术,它通过分析用户之间的相似度来推荐内容。在传统文化传播中,协同过滤可以帮助系统发现具有相似兴趣的用户群体,并为他们推荐相应的文化内容。协同过滤算法会计算用户之间的兴趣相似度,比如通过比较用户对文化内容的评分、浏览记录等。当系统发现两个用户有相似的兴趣时,就会将其中一个用户喜欢而另一个用户尚未接触过的文化内容推荐给后者。这种方式不仅增强了推荐的准确性,还能帮助用户发现更多未知的文化瑰宝。协同过滤的另一个优势在于它能够处理冷启动问题。对于新用户,系统可以通过与其他用户的相似度计算,为其推荐热门或经典的文化内容,从而快速引导其进入传统文化的世界。

### 3. 反馈机制与持续优化

个性化推荐系统通常配备有反馈机制,允许用户对推荐的内容进行评分、评论或标记喜好。这些反馈数据对于系统的持续优化至关重要。在传统文化传播中,用户的反馈可以帮助系统更好地理解他们的需求和偏好。例如,如果用户对某一类文化内容持续给予高分评价,系统就会增加这类内容的推荐权重。反之,如果用户对某类内容不感兴趣或给出低分评价,系统则会减少这类内容的推荐。通过这种反馈机制,个性化推荐系统能够不断学习和调整推荐策略,以更精准地满足用户的需求。同时,这也为传统文化传播者提供宝贵的用户反馈数据,有助于他们不断优化内容创作和推广方式。

### (三)社交媒体平台上的传统文化互动体验

#### 1.传统文化内容的创新展示

社交媒体平台以其独特的互动性和即时性,为传统文化的展示方式注入了新的活力。在这些平台上,传统文化不再仅仅是静态的文物图片或文字描述,而是通过视频、直播、VR/AR 等多种形式,呈现出生动、立体的形象。例如,通过短视频平台,手工艺人可以展示传统技艺的制作过程,让观众在短短几分钟内感受到传统文化的独特魅力。直播功能则使得艺术家能够在线上与观众实时互动,解答观众对于传统文化艺术品的疑问,甚至指导观众进行简单的艺术创作。而 VR/AR 技术的应用,更是让观众能够身临其境地体验传统文化的场景,如虚拟参观博物馆、体验传统节日的庆祝活动等。这些创新展示方式不仅丰富了传统文化的表现形式,还降低了传统文化的接触门槛,让更多年轻人能够在轻松愉快的氛围中感受到传统文化的魅力。

#### 2.线上活动与互动参与

社交媒体平台上的线上活动也是传统文化互动体验的重要组成部分。通过这些活动,观众可以更加深入地了解和参与到传统文化中。平台可以组织各类线上竞赛,如传统诗词创作大赛、传统手工艺制作比赛等,激发观众对传统文化的兴趣和热情。同时,线上问答、话题讨论等活动也让观众有机会分享自己对于传统文化的理解和感受,促进了文化交流的深度和广度。此外,社交媒体平台还可以邀请传统文化领域的专家学者进行线上讲座或访谈,为观众提供专业的解读和指导。这种线上互动的形式不仅打破了地域限制,让更多人能够参与到传统文化的交流中,还增强了观众的参与感和归属感。

## 三、跨文化交流与传统文化的全球传播

### (一)传统文化在全球范围内的传播策略

#### 1. 强化文化自觉与文化自信

传统文化在全球范围内传播的首要策略是强化文化自觉与文化自信。这意味着我们需要深刻理解自身文化的独特价值和意义,明确传统文化在世界文化体系中的地位。通过挖掘和整理传统文化的精髓,我们可以更好地向外界展示其魅力和价值。在实现这一策略的过程中,应该重视传统文化的教育普及工作,让更多人了解和认同自己的文化。同时,要加强对外文化交流,主动向世界展示传统文化的独特魅力。这不仅可以增强民族文化的自信心和归属感,还能促进不同文化之间的相互理解和尊重。

#### 2. 创新传播方式与渠道

面对全球化的挑战,传统文化的传播方式和渠道也需要进行

创新。除了传统的书籍、音乐、舞蹈等艺术形式外,我们还可以利用现代科技手段进行传播。例如,通过互联网、社交媒体等平台,我们可以将传统文化以更加生动、形象的方式呈现给全球观众。此外,还可以借助旅游、文化交流活动等途径,让更多人亲身体验到传统文化的魅力。这些创新的传播方式和渠道不仅能够扩大传统文化的影响力,还能吸引更多年轻人关注和参与文化的传承与发展。

### 3. 注重文化融合与创新

在全球化的背景下,传统文化的传播还需要注重与其他文化的融合与创新。通过吸收和借鉴其他文化的优秀元素,我们可以丰富和发展自己的传统文化,使其更具时代性和普遍性。同时,也要鼓励传统文化的创新表达,让传统文化与现代生活相结合,创造出更多具有时代特色的文化产品。这种融合与创新的策略不仅有助于传统文化在全球范围内的传播,还能促进文化的多样性和繁荣发展。在实施这一策略时,我们需要保持开放和包容的态度,尊重其他文化的差异性和独特性。通过加强与其他国家和地区的文化交流与合作,我们可以共同推动世界文化的繁荣与发展。传统文化在全球范围内的传播需要采取多种策略。通过强化文化自觉与文化自信、创新传播方式与渠道以及注重文化融合与创新等策略的实施,我们可以更好地向世界展示传统文化的独特魅力和价值。这不仅有助于增强民族文化的自信心和归属感,还能促进全球文化的交流与融合,推动世界文化的多样性和繁荣发展。同时,我们也应该认识到传统文化传播的重要性并不仅仅在于扩大其影响力,更在于通过文化的交流与融合,增进各国人民之间的相互理解和友谊,为世界和平与发展做出贡献。

### (二)传统文化与现代文化的融合与创新

#### 1. 挖掘传统文化精髓,注入现代元素

传统文化与现代文化的融合与创新,首先需要对传统文化进行深入挖掘,提炼出其精髓和价值。传统文化中蕴含着丰富的哲学思想、道德规范、艺术形式等,这些都是宝贵的文化遗产。通过深入研究和整理,我们可以将这些传统文化元素进行现代转化,注入现代文化的元素和理念。例如,在艺术创作领域,可以将传统的绘画、雕塑等艺术形式与现代科技相结合,创造出具有时代特色的艺术作品。这种融合不仅丰富了现代文化的内涵,也使得传统文化在新的时代背景下焕发出新的生机。此外,在教育领域,也可以将传统文化元素融入现代教育体系中。通过开设相关课程、举办文化活动等方式,让学生在接触和学习传统文化的过程中,增强文化自信和认同感。同时,也可以借助现代科技手段,如虚拟现实、增强现实等技术,让学生更加直观地感受传统文化的魅力。

#### 2. 创新表达方式,拓展传播渠道

传统文化与现代文化的融合与创新还需要在表达方式和传播渠道上进行创新。随着科技的发展和社会的进步,人们的审美需求和接受方式也在不断变化。因此,我们需要运用现代科技手段和创新理念,对传统文化进行再创造和再表达。一方面,可以利用互联网、移动媒体等新兴传播渠道,拓展传统文化的传播范围。通

过制作短视频、直播互动、线上展览等方式,让更多人了解和欣赏传统文化。另一方面,也可以尝试将传统文化与现代艺术形式相结合,如舞蹈、戏剧、电影等,以更加生动有趣的方式呈现传统文化的魅力。这种表达方式和传播渠道的创新,不仅能够吸引更多年轻人的关注,还能够激发他们对传统文化的兴趣和热爱,也有助于传统文化在国际舞台上的传播和被认可度提升。

### 3. 促进文化产业发展

传统文化与现代文化的融合与创新还需要与文化产业发展相结合。通过挖掘和开发传统文化的经济价值,可以推动文化产业的发展和创新。同时,文化产业的繁荣也能够为传统文化的传承与发展提供更多的资源和平台。例如,可以将传统文化元素融入旅游产品中,打造具有地方特色的文化旅游品牌。通过开发传统工艺品、举办文化节庆活动等方式,吸引游客前来体验和消费。这不仅能够促进当地经济发展,还能够让更多人了解和欣赏传统文化。此外,也可以利用现代科技手段对传统文化进行数字化保护和开发。通过数字化技术,可以将珍贵的文物、古籍等进行高清扫描和存储,为后人留下宝贵的历史资料。同时,也可以利用虚拟现实、增强现实等技术手段,打造沉浸式的文化体验项目,让观众更加直观地感受传统文化的魅力。

# 第二章　器物层的创新表达

## 第一节　传统文化元素在现代设计中的运用

### 一、传统文化元素在现代设计中的重要性

#### （一）传承与弘扬民族文化

##### 1. 传统元素融入现代设计的文化价值

将传统文化元素融入现代设计,不仅是为了美观和时尚,更是为了传承和弘扬深厚的民族文化。传统造型、图案、色彩等元素,每一个都承载着丰富的历史文化信息,它们是中华民族几千年文明的瑰宝。当这些元素被巧妙地融入现代设计中时,设计作品便仿佛被注入了灵魂,变得生动而富有内涵。例如,在现代家居设计中,传统的红木家具、中式屏风等元素的运用,不仅为家居空间增添了一抹古朴典雅的气息,更让人们在日常生活中能够时刻感受到传统文化的熏陶和滋养。此外,传统元素的融入还能帮助现代人更好地理解和接纳自己的文化传统。在现代社会中,由于各种文化的冲击和交融,许多人对自己的文化传统感到陌生和疏离。

而传统元素在现代设计中的运用,实际上是在为人们搭建一座通往自己文化传统的桥梁,让人们能够在欣赏和使用设计作品的过程中,重新发现自己的文化传统并产生认同感。

## 2. 传统元素增强民族自豪感和文化自信心

当一个国家或民族的文化被广泛传播和认同时,其人民的民族自豪感和文化自信心也会随之增强。将传统文化元素融入现代设计,正是提升民族文化影响力、增强民族自豪感和文化自信心的重要途径。当我们的设计作品中充满了独特的民族文化元素时,它们就像一张张生动的文化名片,向世界展示着中华民族的独特魅力和文化底蕴。这不仅有助于提升中国设计的国际地位和影响力,还能激发国人的爱国热情和文化自信。例如,在近年来的一些国际设计大赛中,中国设计师运用传统文化元素创作的作品频频获奖,这不仅为中国设计赢得了荣誉,也让更多的人开始关注和欣赏中国的传统文化。这种文化的传播和认同反过来又进一步增强了人们的民族自豪感和文化自信心。

## 3. 传统元素与现代设计相结合的创新意义

将传统文化元素融入现代设计并不是简单的复古或模仿,而是在深入理解传统文化的基础上进行创新和发展。这种创新不仅体现在设计手法和技巧上,更体现在对传统文化精神的挖掘和传承上。设计师需要通过对传统文化的深入研究和对现代设计理念的精准把握,找到二者之间的契合点和创新点,从而创作出既具有传统文化韵味又符合现代审美需求的设计作品。这种创新性的设计方式不仅有助于推动传统文化的现代化转型和发展,还能为现代设计注入新的活力和灵感。它让人们看到传统文化并不是僵化的和过时的,而是可以与现代设计理念相结合,焕发出新的生机和活力。这种创新性的设计方式也为设计师提供了更广阔的创作空间和可能性,让他们能够在传承和弘扬民族文化的同时,实现自我价值和创新追求。

## (二)增强设计的独特性和辨识度

### 1. 传统文化元素的独特魅力

传统文化元素是中华民族几千年文明的积淀,它们蕴含着丰富的历史文化信息和独特的艺术美感。这些元素包括但不限于传统的造型艺术、图案纹样、色彩搭配以及更深层次的哲学思想和审美观念。将这些独特的传统文化元素融入现代设计,无疑会为作品增添一抹别样的文化色彩和艺术韵味。以平面设计为例,传统水墨画和书法的运用,不仅为作品注入了深邃的文化内涵,更以其独特的艺术表现形式,使得设计作品在众多同类中脱颖而出。水墨的晕染效果和书法的笔触力度,都是现代设计中难以复制的独特魅力。通过这些传统元素的巧妙运用,设计师能够创作出既具有现代感又不失文化底蕴的平面设计作品,从而大幅提升设计的独特性和辨识度。

### 2. 民族特色与现代设计的融合

每个民族都有其独特的文化传统和艺术风格,这些独特的民族特色是设计师宝贵的创意源泉。将具有鲜明民族特色的传统文化元素融入现代设计,不仅可以弘扬民族文化,更能够增强设计的独特性和吸引力。例如,在服装设计中,设计师可以借鉴传统的民族服饰元素,如刺绣图案、色彩搭配等,结合现代的设计理念和剪裁技巧,创作出既时尚又富有民族特色的服装作品。这种融合民族特色的设计方式,不仅让作品在市场上更具竞争力,还能够满足现代消费者对个性化和文化品位的追求。

### 3. 传统与现代的融合

将传统文化元素融入现代设计,并不是简单的叠加或模仿,而是需要在深入理解传统文化的基础上,运用现代设计手法和技术手段进行创新性的表达。这种传统与现代的碰撞与融合,往往能够产生令人耳目一新的设计效果。在建筑设计领域,这种碰撞与融合尤为明显。设计师可以借鉴传统建筑的风格和特点,如斗拱、飞檐等造型元素,结合现代建筑的设计理念和材料技术,打造出既具有历史韵味又符合现代审美需求的建筑作品。这种设计方式不仅让建筑在外观上更具辨识度,还能够在功能上满足现代人的使用需求。例如,在海报设计中,可以运用水墨画元素与现代字体设计相结合,营造出一种独特的视觉效果和文化氛围。

## (三)拓展设计的创意空间和表现手法

### 1. 传统文化元素作为创意的源泉

传统文化元素中蕴含着深厚的文化底蕴和艺术美感,这些都是现代设计的宝贵资源。设计师可以从传统造型、图案、色彩等元素中汲取灵感,进行再创造和重新组合,形成全新的设计理念。例如,在产品设计中,设计师可以借鉴传统的陶瓷、青铜器等器物的造型特点,结合现代材料和技术,创作出既具有古典韵味又不失现代感的产品。这种融合传统与现代的设计手法,不仅拓展了设计的创意空间,还为作品增添了独特的文化内涵。此外,传统文化中的哲学思想和审美观念也可以为设计师提供深刻的启示。如道家的"无为而治"、儒家的"中庸之道"等思想,都可以转化为设计语言,指导设计师在创作中寻求平衡与和谐,从而创作出更具深度和内涵的设计作品。

### 2. 传统文化元素丰富设计表现手法

传统文化元素不仅为设计师提供了创意的源泉,还丰富了设计的表现手法。水墨画、书法、剪纸等传统艺术形式,都是设计师可以借鉴和运用的表现手法。这些手法以其独特的艺术风格和审美特征,为现代设计注入了新的活力。以平面设计为例,设计师可以运用水墨画的笔触和墨色变化来表现画面的层次感和意境美,也可以借鉴书法的线条美感和动态感来增强设计的视觉冲击力。这些传统艺术手法的运用,不仅能够丰富设计的表现手法,还能够让作品更具文化内涵和艺术价值。

### 3. 传统文化元素与现代科技的结合

随着科技的不断发展,现代设计手段也日益丰富多样。例如,在数字媒体设计中,设计师可以利用三维建模和渲染技术来模拟传统雕塑和绘画的艺术效果,也可以运用虚拟现实技术来打造沉浸式的传统文化体验空间。这种结合传统与现代科技的设计手法,不仅拓展了设计的创意空间,还为传统文化的传承与发展注入了新的动力。同时,也要认识到传统文化元素与现代科技结合的重要性不仅在于技术的创新应用,更在于对传统文化精神的深入挖掘和传承。设计师应该在对传统文化有深刻理解的基础上,运用现代科技手段进行再创造和传播,让传统文化在现代社会中焕发出新的生命力。

## 二、传统文化元素在现代设计中的具体应用

### (一)传统图案与纹饰的应用

**1. 传统图案与纹饰的历史承载与文化内涵**

传统图案与纹饰,是中华民族几千年文化的积淀与传承,它们以独特的视觉形式,记录着历史的变迁和文化的演进。这些图案与纹饰,不仅仅是装饰性的艺术元素,更是深层次的文化符号和精神象征。例如,牡丹图案在中华文化中代表着富贵与荣华,其华丽的形态和绚烂的色彩,成为古代艺术家和工匠们喜爱的创作主题。而龙凤图案,则寓意着吉祥、和平与幸福,是皇室和民间广泛使用的吉祥符号。在现代设计中,传统图案与纹饰的应用,不仅是对历史文化的致敬,更是对传统文化的传承与发展。设计师们通过深入挖掘这些图案与纹饰的文化内涵,将其巧妙地融入现代设计之中,从而创造出既具有时代感又富有文化底蕴的设计作品。以服装设计为例,传统图案与纹饰的运用,为现代服装设计增添了独特的文化韵味。设计师们将牡丹、龙凤等图案巧妙地融入服装之中,通过刺绣、印花等工艺手法,展现出传统与现代相结合的魅力。这些服装不仅时尚美观,更承载着深厚的文化内涵,让穿着者在展示

个性的同时,也传递着对传统文化的尊重与热爱。

**2. 传统图案与纹饰在现代家居设计中的运用**

现代家居设计越来越注重文化品位的体现,而传统图案与纹饰正是提升家居文化品位的重要元素之一。云纹、如意纹等传统纹饰,以其独特的艺术风格和吉祥寓意,被广泛应用于现代家居装饰中。在家具设计上,传统图案可以作为雕刻或彩绘的装饰元素,为家具增添一份古典的雅致。例如,在实木家具上雕刻如意纹或云纹,不仅提升了家具的艺术价值,还寄寓了吉祥如意的美好愿望。在窗帘、墙纸等软装饰上,传统图案与纹饰同样可以发挥重要的作用。设计师们可以将这些图案巧妙地融入布料或壁纸的设计中,打造出富有东方韵味的家居环境。此外,传统图案与纹饰还可以应用于家居小品的设计中。例如,以传统图案为灵感的茶具、瓷器等,不仅实用美观,还能作为家居摆设,彰显主人的文化品位。

**3. 传统图案与纹饰在平面设计中的创新应用**

平面设计是现代视觉传达的重要手段,而传统图案与纹饰的运用,可以为平面设计注入更多的文化内涵和艺术气息。在海报设计中,设计师可以运用传统的水墨画元素和书法字体,结合现代的排版技巧和色彩搭配,打造出既古典又现代的海报作品。这种设计方式不仅能够吸引观众的眼球,还能让人们深刻感受到中华文化的博大精深。此外,在包装设计、标志设计等领域,传统图案与纹饰也有着广泛的应用空间。它们以独特的视觉效果和文化内涵,为平面设计增添了更多的创意和可能性。

## （二）传统色彩的应用

### 1. 传统色彩的文化内涵与现代审美

中国传统的色彩观念深受五行思想的影响，每一种颜色都有其独特的文化内涵。红色象征着吉祥、喜庆，黄色代表着庄严、尊贵，蓝色则寓意着宁静、深远。这些颜色不仅仅是一种视觉上的表达，更是文化的载体，传递着古老的东方智慧。在现代设计中，设计师们深知传统色彩的文化价值，并巧妙地将其融入现代审美之中。他们运用红色表现活力与温暖，使用黄色展现高贵与典雅，而蓝色则常被用来表达科技与未来。这种将传统色彩与现代设计相结合的方式，既满足了现代人的审美需求，又传承了中华民族的文化精髓。以红色为例，它在中国文化中具有非常重要的地位。在春节期间，我们可以看到大街小巷张灯结彩，一片红色的海洋。这种红色不仅给人们带来喜庆的氛围，更传递着中国文化的独特魅力。在现代设计中，设计师们经常运用红色来营造一种积极、向上的氛围。比如，在广告设计中，红色常被用来吸引消费者的注意力，传递产品的热情和活力。

### 2. 传统色彩在现代设计中的创新运用

传统色彩在现代设计中的运用并非简单地照搬和模仿，而是需要设计师们进行创新的思考和探索。例如，在现代家居设计中，设计师们可以运用传统的红色和黄色来打造一种中式风格的家居环境。他们可以将这些颜色巧妙地融入家具、窗帘、墙纸等元素中，营造出一种古朴典雅的氛围。同时，设计师们还可以借鉴传统艺术中的色彩组合方式,如青绿山水中的蓝绿搭配、工笔画中的红绿对比等,来丰富家居设计的色彩层次和视觉效果。此外,在平面设计和产品设计中,传统色彩的运用也具有广阔的空间。设计师们可以运用传统的色彩元素来打造独特的品牌形象和产品风格,从而提升产品的市场竞争力和文化价值。

**3. 传统色彩与现代科技的结合**

随着科技的不断发展,现代设计手段也日益丰富多样。例如,在数字媒体设计中,设计师可以利用色彩管理软件来精确控制传统色彩的呈现效果,确保作品在屏幕上的显示效果与打印效果一致。他们还可以运用虚拟现实技术来打造沉浸式的传统文化体验空间,让人们更加深入地了解和感受传统色彩的文化魅力。他们需要对传统文化有深刻的理解,才能在现代设计中恰当地运用传统色彩元素来传递文化的内涵和价值。

## (三)传统材料与工艺的应用

**1. 传统材料与工艺的深厚文化内涵**

传统材料与工艺是中华民族几千年文化积淀的精华,它们以独特的艺术形式,展现了中华民族的智慧和创造力。这些材料与工艺不仅具有实用性,更承载着深厚的文化内涵和独特的美学价值。在现代设计中,传统材料与工艺的应用成为一种文化的传承与表达。以木材为例,它是中国传统建筑和家具制作中常用的材料。木材的温润质感和自然纹理,不仅让人感受到自然的温馨与和谐,更传递出一种对自然的敬畏与尊重。在现代家居设计中,木材的应用仍然十分广泛,无论是实木地板、木制家具还是木质装饰品,都能为家居环境增添一份自然与舒适。除了木材,陶瓷也是中国传统工艺中的重要代表。陶瓷制品以其独特的制作工艺和精美的外观,成为中国传统文化的象征之一。在现代设计中,陶瓷制品的应用也十分广泛,从餐具、茶具到装饰品等,都能见到陶瓷的身影。这些陶瓷制品不仅具有实用性,更以其独特的质感和色彩,为现代设计增添了一份艺术气息。在传统工艺方面,如刺绣、竹编、剪纸等,也在现代设计中得到了新的应用。这些工艺以其精湛的技艺和独特的艺术风格,为现代设计提供了丰富的创作元素。例如,在服装设计中,刺绣工艺的应用使得服装更加精美;在家居设计中,竹编工艺则能打造出别具一格的家居风格。

## 2. 传统材料与工艺在现代设计中的创新应用

在现代设计中,传统材料与工艺的应用并非一成不变地照搬传统,而是需要结合现代审美和功能需求进行创新。以竹编工艺为例,在现代家居设计中,设计师们可以运用竹编工艺制作出各种造型别致、功能实用的家居用品。如竹编灯罩、竹编座椅等,这些作品既保留了竹编工艺的细腻与精巧,又融入了现代设计的简约与时尚。同时,设计师们还可以借鉴传统竹编工艺的编织手法和色彩搭配,创造出独具特色的现代家居设计作品。此外,陶瓷、漆艺等传统工艺也在现代设计中得到了创新应用。设计师们可以运用陶瓷制作出各种造型独特、色彩斑斓的餐具、茶具等家居用品;而漆艺则可以用于高端家居产品的装饰和点缀,增添奢华感。这些传统工艺与现代设计的结合,不仅提升了设计作品的品质和价值,还传承了中华民族的工艺文化。

### 3. 传统材料与工艺的可持续发展思考

在环保和可持续发展日益受到重视的今天,传统材料与工艺的应用也需要考虑到环保因素。木材、石材等传统材料虽然具有天然质朴的美感,但过度开采和加工也会对环境造成破坏。因此,在选择和使用这些材料时,我们需要关注其来源是否合法、开采是否可持续等问题。同时,传统工艺的制作过程中也需要注重环保和节能减排。例如,在陶瓷制作过程中可以采用环保材料和节能技术来降低能耗和减少废弃物排放;在刺绣等手工艺制作过程中,可以采用可再生材料或回收利用的布料等来减少对环境的负担。在现代设计中应用传统材料与工艺时,我们需要充分挖掘其文化内涵和美学价值的同时也要关注其环保和可持续性发展问题。通过创新应用方式和手段来传承和发展中华民族的优秀传统文化和工艺技艺,并为现代设计注入更多的文化内涵和艺术气息。

## 三、现代设计中传统文化元素的创新表达方式

### (一)传统造型元素的现代演绎

### 1. 传统造型元素的提炼与再创造

传统文化中的器物造型,是千百年文化积淀的精华,它们不仅具有极高的艺术价值,还蕴含着深厚的历史和文化内涵。这些造型元素,如流畅的线条、独特的形态,都是传统文化的直观表达。在现代设计中,设计师们通过对这些传统造型元素的提炼,能够捕

捉到其背后的文化精髓,进而在现代设计中进行再创造。以传统的瓷器造型为例,其优雅的曲线、别致的形态,都是设计师们可以借鉴的宝贵资源。在现代家居用品设计中,这些传统瓷器造型的元素可以被巧妙地融入,使现代设计既具有时尚感,又不失传统文化的底蕴。这种提炼与再创造的过程,实际上是一种文化的传承与创新,它让传统造型元素在现代设计中焕发出新的生命力。此外,传统造型元素中的图案和纹饰也是设计师们关注的焦点。这些图案和纹饰往往承载着特定的文化寓意和象征意义,如莲花代表纯洁,龙凤呈祥寓意吉祥如意等。在现代设计中,通过对这些图案和纹饰的巧妙运用,不仅可以丰富设计的视觉效果,还能传递出深厚的文化内涵。

**2. 传统造型元素与现代设计理念的融合**

要在现代设计中成功运用传统造型元素,关键在于如何将这些元素与现代设计理念相融合。现代设计理念强调的是简约、实用与美观的结合,而传统造型元素则更注重文化内涵和象征意义的表达。因此,设计师们需要在两者之间找到平衡点,创造出既符合现代审美标准,又能体现传统文化精髓的设计作品。以现代家具设计为例,设计师们可以借鉴传统家具的造型元素,如古典的雕花、镂空等工艺,同时结合现代简约的设计理念,打造出既具有古典韵味又不失现代感的家具作品。这样的设计不仅满足了现代人对美观和实用的双重追求,还能通过家具这一载体,传递出传统文化的独特魅力。同时,传统造型元素与现代科技的结合也是设计理念融合的一个重要方面。例如,在现代灯具设计中,设计师们可以运用传统的灯笼造型元素,结合 LED 等现代照明技术,创造出既具有传统文化氛围又能满足现代照明需求的灯具作品。

**3. 传统造型元素在现代设计中的实践应用与创新**

实践是检验设计理念的最好方式。在现代设计中应用传统造型元素,需要设计师们具备敏锐的文化洞察力和创新思维。他们需要从传统文化中汲取灵感,将传统造型元素巧妙地融入现代设计中,创造出独具匠心的作品。在建筑设计中,传统造型元素的应用尤为广泛,如古典的亭台楼阁、飞檐翘角等造型元素,经常被运用在现代建筑设计中,为现代建筑增添了独特的文化韵味。同时,设计师们还通过对传统建筑材料的创新运用,如将传统的青砖、瓦片与现代建筑材料相结合,打造出既具有古典美感又符合现代建筑规范的建筑作品。在服饰设计中,传统造型元素也发挥着重要作用。如云肩、马蹄袖、对襟等传统服饰造型元素,经常被运用在现代服装设计中,为现代服装增添了独特的民族风情和文化底蕴。同时,设计师们还通过对传统服饰图案的创新运用,如将传统的刺绣、蜡染等工艺与现代印染技术相结合,创造出既具有传统文化内涵又符合现代审美标准的服装作品。传统造型元素在现代设计中的演绎是一个不断创新和发展的过程。

## (二)传统装饰图案的现代表达

### 1. 传统装饰图案的现代化转型

在中华民族的文化宝库中,传统装饰图案以其独特的艺术风格和丰富的文化内涵,一直受到广泛的关注和喜爱。这些图案,如缠枝莲纹、祥云纹样等,都是古代艺术家们心灵的结晶,蕴含着深厚的民族情感和审美理念。然而,随着时代的变迁,如何让这些传统装饰图案在现代设计中焕发新的生机,成为设计师们面临的挑战。对传统装饰图案进行现代化转型,是使其适应现代审美和实用需求的关键。这一转型并非简单的复制或模仿,而是在深入理解传统文化精髓的基础上,运用现代设计理念和技术手段,对传统图案进行再创造的过程。具体来说,设计师们可以通过简化、抽象、重新组合等手法,将传统装饰图案的元素进行提炼和整合,以现代的线条和色彩表现出来。这样,传统装饰图案不仅保留了其原有的文化韵味,还融入了现代设计的时尚感和实用性。以服装设计为例,设计师们可以从传统装饰图案中汲取灵感,将其巧妙地融入现代服装设计中。通过运用现代的剪裁手法、面料选择和色彩搭配,打造出既具有民族特色又时尚前卫的服装款式。

## 2. 传统装饰图案在平面设计中的运用与创新

平面设计是现代视觉传达的重要手段之一,而传统装饰图案在平面设计中的运用与创新则具有深远的意义。传统装饰图案的丰富多样性和独特视觉冲击力为平面设计提供了无尽的灵感来源。设计师可以通过重新诠释这些图案的线条、色彩和构图等元素,创造出既符合现代审美标准又具有深刻文化内涵的平面设计作品。在平面设计中运用传统装饰图案时,设计师需要注意图案与整体设计的协调性。他们可以根据设计的主题和风格来选择合适的传统装饰图案元素,并通过巧妙的排列和组合,使其与现代设计元素相融合,形成独特的视觉效果。同时,设计师还可以运用现代科技手段对传统装饰图案进行数字化高清重现或艺术化处理，以增强其视觉表现力和艺术感染力。此外，在平面设计中创新运用传统装饰图案还需要注重其传达的信息和价值观。设计师可以通过对传统装饰图案的深入研究和理解，挖掘其背后的文化内涵和象征意义，并将其巧妙地融入平面设计中。这样不仅可以提升设计的文化底蕴和艺术价值，还能引导观众对传统文化的关注和传承。

### 3. 现代科技手段助力传统装饰图案的创新表达

随着科技的不断发展，现代科技手段为传统装饰图案的创新表达提供了更多可能性。数字化技术、虚拟现实技术等先进科技手段的运用，使得传统装饰图案的呈现方式更加多样化和立体化。设计师可以利用计算机辅助设计软件对传统图案进行高精度重现和艺术化处理，生成既具有传统文化特色又符合现代审美的新图案。数字化高清重现技术可以使传统装饰图案的细节和色彩得到更加真实的再现，让观众更加深入地感受到传统文化的魅力。而虚拟现实技术则可以为观众创造一个沉浸式的艺术体验空间，让他们仿佛置身于一个充满传统装饰图案的世界中，更加直观地感受传统文化的韵味和内涵。除了上述科技手段外，3D 打印技术也为传统装饰图案的创新表达提供了新的思路。设计师可以通过3D 打印技术将传统装饰图案转化为立体的艺术品或实用品，使其以全新的形态呈现在观众面前。这种创新性的表达方式不仅可以拓展传统装饰图案的应用领域和市场空间，还能激发更多人对传统文化的兴趣和热爱。

# 第二节　人工智能技术在传统工艺品制作中的应用

## 一、人工智能技术助力传统工艺品设计

### (一)设计灵感与创意的自动化生成

#### 1. 灵感来源的自动化拓展

在传统设计中,设计师通常需要翻阅大量的资料、参观各种展览,甚至亲身体验不同的文化环境来寻找灵感。这一过程虽然富有探索性,但也相当耗时耗力。人工智能技术则能够通过深度学习和图像识别,自动从海量的设计资料、历史数据以及艺术作品中提炼出流行的设计元素和趋势。人工智能可以分析全球范围内的设计作品,识别出哪些元素在当前受到欢迎,哪些风格正在流行,从而为设计师提供即时的灵感来源。例如,在陶瓷设计中,人工智能可以分析出近年来流行的色彩搭配、图案设计以及其造型结构,为设计师提供符合当前审美趋势的灵感参考。这种自动化的灵感拓展方式,极大地缩短了设计师在灵感寻找上的时间,使他们能够更快地投入到实际的设计工作中。

#### 2. 创意构思的自动化辅助

除了灵感来源的拓展,人工智能还能在创意构思阶段为设计师提供有力的辅助。在传统设计中,创意的构思往往需要设计师

具备丰富的经验和敏锐的洞察力。而现在,人工智能可以通过风格迁移技术,将不同的艺术风格融合到传统工艺品设计中,从而创造出新颖且富有创意的作品。这种风格迁移技术是基于深度学习的算法实现的。人工智能可以学习并模仿各种艺术风格的特征,然后将这些风格应用到传统工艺品的设计中。例如,在刺绣设计中,人工智能可以将中国传统的苏绣风格与西方的现代艺术风格相结合,创造出既具有古典韵味又充满现代感的刺绣作品。这种自动化的创意构思辅助方式,不仅丰富了设计的多样性,还为设计师打开了一扇探索新风格的大门。

**3. 设计初稿的自动化生成与优化**

在传统设计中,设计初稿的绘制是一个烦琐且耗时的过程。设计师需要根据自己的创意和灵感,手工绘制出初步的设计方案。而现在,通过人工智能技术,这一过程也可以得到极大的简化。设计师只需输入一些关键的设计要求和参数,如尺寸、色彩、风格等,人工智能就可以快速生成多个设计方案供设计师选择和参考。这些设计方案不仅符合设计师的初始要求,还可以通过算法进行优化和调整,以达到更佳的视觉效果。这种快速迭代的设计方式大幅缩短了设计周期,使设计师能够更专注于设计的创新和优化。同时,人工智能还可以根据设计师的反馈和历史数据,不断学习和优化设计方案。例如,在木雕设计中,人工智能可以根据设计师对以往作品的评价和调整记录,自动优化新设计方案的线条、比例和细节等要素,使其更符合设计师的审美标准和市场需求。这种自动化的设计优化过程不仅提高了设计效率,还提升了设计质量。

## （二）智能化模仿与优化设计

### 1. 传承与创新的结合

在传统工艺品设计中，许多经典的设计和图案是经过历史沉淀和传承下来的。这些设计不仅具有深厚的文化内涵，更是艺术家们智慧的结晶。然而，单纯地复制和模仿这些经典设计并不足以满足现代社会的审美需求。因此，如何在传承经典的同时注入新的创意和元素，成为设计师们面临的重要课题。人工智能技术为这一课题提供了有效的解决方案。通过深度学习算法，人工智能可以精确地学习和模仿著名设计师的设计风格和技巧。它能够深入分析传统工艺品的历史数据和设计规则，从中提取出关键的设计元素和特征。在此基础上，人工智能可以生成既符合传统工艺美学，又融入现代审美元素的新设计。这种智能化模仿的方式不仅保留了经典设计的精髓，还为其注入了新的活力和创意。以陶瓷设计为例，人工智能可以学习并模仿古代陶瓷的纹饰、色彩和造型等特征，同时结合现代设计的简洁、流线型等元素，创造出既具有古典韵味又不失现代感的陶瓷作品。这种智能化的模仿和创新设计方式，使得传统工艺品在新的时代背景下焕发出新的光彩。

### 2. 以数据为驱动的优化设计

在传统工艺品设计中，设计师往往需要根据自己的经验和直觉来进行设计方案的优化和调整。然而，这种方式存在一定的主观性和不确定性。而人工智能技术则可以通过数据分析为设计师提供更加客观、科学的优化建议。人工智能可以收集并分析大量的市场数据和消费者反馈,从而准确地把握市场动态和消费者需求。通过分析消费者的购买行为和喜好,人工智能可以预测哪些设计元素更受欢迎,哪些设计可能面临市场风险。基于这些数据和分析结果,设计师可以更加有针对性地对设计方案进行优化和调整,以提高产品的市场竞争力。

**3. 跨领域融合与创新**

人工智能技术还可以促进传统工艺品设计与其他领域的跨界融合与创新。通过深度学习和图像处理技术,人工智能可以识别和提取不同领域的设计元素和特征,并将其巧妙地融入传统工艺品设计中。这种跨领域的融合与创新不仅丰富了设计的多样性和层次感,还为传统工艺品注入了新的文化内涵和艺术价值。以木雕设计为例,人工智能可以学习和借鉴建筑、绘画、雕塑等其他艺术领域的设计理念和技巧,将其巧妙地融入木雕作品中。这种跨领域的融合与创新使得木雕作品既保留了传统的雕刻技艺,又展现了更加多元和现代化的艺术风格。这种创新的设计方式不仅拓展了传统工艺品的受众群体,还提升了其艺术价值和市场竞争力。

（三）实时交互与个性化定制

**1. 实时交互提升设计精准度与消费者参与度**

在传统的工艺品设计流程中,设计师与消费者之间的交互往往受到时间、空间等多种因素的限制,难以实现即时、有效的沟通。然而,随着人工智能技术的引入,特别是虚拟现实（VR）和增强现实（AR）等技术的应用,设计师与消费者之间的实时交互成为可能。借助 VR 技术和 AR 技术,消费者可以在购买前就预览和体验设计方案的实际效果。例如,在家居装饰领域,消费者可以通过佩戴 VR 设备,在一个虚拟的空间中感受不同工艺品摆放后的整体效果。这种沉浸式的体验不仅极大地提高了消费者的参与度,还使得设计师能够在第一时间获取消费者的真实反馈。设计师可以根据这些实时反馈,及时调整设计方案中的细节,如色彩搭配、造型设计等,以确保最终产品能够更加符合消费者的期望。这种以消费者为中心的设计理念,不仅提升了设计的精准度,还加强了设计师与消费者之间的连接,为传统工艺品设计带来了新的可能性。

**2. 个性化定制满足多元化需求**

随着消费者审美的多元化和个性化,他们对于工艺品的需求也越来越多样化。人工智能技术为传统工艺品的个性化定制提供了强大的支持。通过智能化的设计软件或平台,消费者可以自主选择设计元素、色彩、样式等参数,打造出独一无二的工艺品。这种个性化定制的服务模式,不仅满足了消费者对独特性和专属感的追求,还极大地提升了他们的购物体验。例如,在珠宝设计领域,消费者可以通过智能化平台自主选择宝石的颜色、切割方式、金属材质等参数,定制出符合自己品位的独特珠宝。这种定制化的服务不仅彰显了消费者的个性,还使得每一件工艺品都成为他们情感和价值观的载体。

**3. 智能化生产流程提高效率**

实时交互与个性化定制的背后,离不开智能化生产流程的支持。人工智能技术不仅可以优化设计方案,还可以实现生产流程的自动化和智能化。通过智能分析消费者的定制需求,生产线可以自动调整工艺参数,确保每一件工艺品都能按照消费者的要求精准生产。这种智能化的生产方式不仅提高了生产效率,还降低了人为错误和成本浪费。同时,它也为设计师提供了更多的时间和精力,使其能够专注于创新和优化设计方案,从而为消费者带来更加出色的产品体验。

## 二、人工智能技术提升传统工艺品生产效率

### (一)自动化生产减少人工干预

**1. 在工艺品的应用**

工艺品的切割是生产过程中一个至关重要的环节。在传统模式下,这一环节主要依赖工人的手工操作,不仅效率低下,而且切割的精度和一致性难以保证。然而,随着人工智能技术的引入,特别是自动化切割设备的应用,这一问题得到了有效解决。自动化切割设备通过精确的算法和先进的机械装置,能够实现对材料的快速、准确切割。这些设备可以根据预设的参数自动调整切割深度和速度,确保每一次切割都能达到预期的效果。与人工切割相比,自动化切割不仅大幅提高了生产效率,而且显著提升了切割的精度和一致性,从而保证了产品质量。此外,自动化切割还具有更高的安全性。在传统的手工切割过程中,工人需要长时间手持刀具进行操作,这不仅容易导致疲劳,还可能因为操作不慎而造成伤害。而自动化切割设备则完全避免了这一问题,它可以在无人值

守的情况下自动完成切割任务,极大地降低了工伤事故的风险。

### 2. 在工艺品打磨环节的应用

打磨是工艺品生产过程中另一个关键环节。传统的手工打磨方式不仅效率低下,而且打磨的质量和效果往往取决于工人的技艺和经验。然而,通过引入自动化打磨设备,这一问题得到了有效解决。自动化打磨设备通过精确的传感器和控制系统,可以自动识别工件的形状和尺寸,并根据预设的参数进行精确的打磨。这种自动化打磨方式不仅提高了生产效率,而且确保了打磨的一致性和精度。与手工打磨相比,自动化打磨还可以避免因人为因素导致的质量问题,如打磨不均、过度打磨等。此外,自动化打磨还具有更强的灵活性和适应性。它可以轻松应对各种形状和尺寸的工艺品,而无须对设备进行复杂的调整或更换不同的打磨工具。这极大地简化了生产流程,提高了生产的灵活性和效率。

### 3. 在工艺品雕刻环节的应用

雕刻是许多工艺品的核心环节之一,它赋予了工艺品独特的艺术价值和审美魅力。然而,传统的手工雕刻方式不仅效率低下,而且雕刻的效果往往受到工人技艺的限制。通过引入自动化雕刻设备,我们可以有效地解决这一问题。自动化雕刻设备通过精确的算法和先进的机械装置,可以实现对材料的精细雕刻。这些设备可以根据预设的图案或模型自动进行雕刻操作,无须人工干预即可完成复杂的雕刻任务。与手工雕刻相比,自动化雕刻不仅极大提高了生产效率,而且确保了雕刻的精度和一致性。此外,自动化雕刻还具有更强的创新性和设计感。它可以轻松实现各种复杂的图案和设计理念,为工艺品带来更加独特和丰富的艺术表现力。通过自动化雕刻技术的应用,我们可以创造出更加精美、独特的工艺品,满足消费者对于个性化和艺术性的追求。

## (二)数据分析优化生产流程

### 1. 实时数据监控,精准把控生产状态

在传统工艺品生产过程中,由于缺乏有效的数据监控手段,生产者往往难以实时掌握生产状态,导致资源浪费和效率低下。然而,通过引入人工智能技术,我们可以对生产过程中的各项数据进行实时采集和监控,从而精准把控生产状态。例如,在陶瓷生产过程中,通过安装传感器和监控设备,我们可以实时收集窑炉内的温度、湿度、氧气含量等数据。这些数据不仅可以帮助生产者及时了解生产环境的变化,还可以预测潜在的问题,如窑炉温度过高或过低等。通过实时数据监控,生产者可以迅速做出调整,确保生产过程的顺利进行,从而提高生产效率。

### 2. 数据挖掘与分析,发现生产瓶颈

除了实时数据监控外,人工智能技术还可以对生产过程中产生的历史数据进行深度挖掘与分析。通过对比不同时间段、不同批次产品的生产数据,可以发现生产流程中的瓶颈环节,为优化生产提供有利依据。以木雕工艺品生产为例,通过对历史生产数据的分析,我们可能发现某一环节的加工时间明显长于其他环节,或者某一工序的次品率明显高于其他工序。这些数据背后的信息揭示了生产流程中的潜在问题,为生产者提供了改进的方向。通过

针对性地优化这些瓶颈环节,我们可以显著提高生产效率。

### 3. 基于数据的决策支持,实现资源高效利用

数据分析的另一个重要作用是为生产者提供基于数据的决策支持。通过对生产过程中产生的数据进行综合分析,我们可以为生产者提供更加科学、合理的生产建议,从而实现资源的高效利用。例如,在刺绣工艺品生产中,通过对市场需求、原材料成本、生产周期等数据的综合分析,我们可以为生产者提供最优的生产计划。这种基于数据的决策支持不仅确保了生产的顺利进行,还避免了资源的浪费。同时,通过对销售数据的分析,我们还可以预测未来市场的变化趋势,为生产者的战略决策提供有力支持。数据分析在优化传统工艺品生产流程中发挥着举足轻重的作用。通过实时数据监控、数据挖掘与分析以及基于数据的决策支持,我们可以更加科学、高效地管理生产过程,实现资源的高效利用。随着人工智能技术的不断发展与完善,数据分析将在传统工艺品生产中发挥更加重要的作用,推动行业的持续创新与进步。

## (三)智能决策支持生产管理

### 1. 市场需求预测与生产计划制定

在传统工艺品生产中,准确预测市场需求并制订相应的生产计划是至关重要的。然而,这一过程往往受到诸多因素的影响,如季节变化、消费者偏好、市场竞争等。人工智能技术的引入,使得这一复杂问题变得相对简单。利用大数据和机器学习算法,人工智能技术可以对历史销售数据、消费者行为数据等进行深度挖掘

和分析。通过这些数据,我们可以更准确地预测未来市场的需求和趋势。例如,在陶瓷工艺品生产中,通过智能分析系统,我们可以预测某一类型陶瓷在不同季节、不同地区的市场需求,从而合理安排生产计划,避免库存积压或供不应求的情况。此外,人工智能技术还可以帮助生产者制订更为科学的生产计划。通过对生产过程中的各种因素进行综合分析,如原材料供应、生产设备状况、人力资源配置等,智能决策系统可以为生产者提供最优的生产计划方案。这不仅提高了生产效率,还确保了产品质量的稳定性和一致性。

### 2. 生产任务安排与资源优化

在传统工艺品生产中,合理安排生产任务和优化资源配置是提高生产效率的关键。然而,这一过程往往受到诸多限制,如设备能力、人力资源等。人工智能技术的引入,使得生产任务安排和资源优化变得更加科学和高效。通过智能决策系统,生产者可以更加精确地安排生产任务。系统会根据生产计划和实际情况,智能分配生产任务给不同的生产线和工人,确保生产过程的顺利进行。同时,系统还可以实时监控生产进度,及时调整生产任务分配,确保生产按照计划进行。此外,人工智能技术还可以帮助生产者优化资源配置。通过对生产过程中的各种资源进行综合评估和分析,如设备利用率、人力资源状况等,智能决策系统可以为生产者提供最优的资源配置方案。这不仅提高了资源的利用效率,还降低了生产成本和市场风险。

### 3. 质量控制与风险管理

在传统工艺品生产中,质量控制和风险管理是至关重要的环节。然而,这些环节往往依赖于人工经验和判断,存在一定的主观性和不确定性。人工智能技术的引入,使得质量控制和风险管理变得更加科学和准确。通过智能决策系统,生产者可以更加精确地控制产品质量。系统会对生产过程中的关键参数进行实时监控和分析,及时发现并处理潜在的质量问题。同时,系统还可以根据历史数据和实际情况,为生产者提供最优的质量控制方案,确保产品质量的稳定性和一致性。此外,人工智能技术还可以帮助生产者进行风险管理。通过对市场变化、生产设备状况、人力资源状况等因素的综合分析,智能决策系统可以为生产者提供潜在的风险预警和应对方案。这不仅降低了市场风险对生产的影响,还提高了生产者的风险应对能力。

## 三、人工智能技术在传统工艺品展示与传播中的作用

### (一)增强展示效果与互动性

在传统工艺品的展示中,人工智能技术可以通过多种方式提升观众的观感和互动体验。首先,借助虚拟现实(VR)和增强现实(AR)技术,观众可以身临其境地感受工艺品的精美细节和独特工艺,这种沉浸式的体验方式极大地增强了观众的参与感和兴趣。例如,在博物馆或展览会上,观众可以通过佩戴 VR 眼镜,仿佛置身于古代工艺作坊之中,亲手体验制作工艺品的全过程。此外,人工智能技术还能实现与观众的实时互动。通过智能语音识别和图像识别技术,观众可以与展示系统进行对话,提出自己的问题或需

求,系统会即时回应并提供相关信息。这种互动方式不仅增强了展示的趣味性,还能帮助观众更深入地了解传统工艺品的背后故事和文化内涵。

## (二)保护与传承

传统工艺品的保护与传承一直是一个重要议题。人工智能技术在这一方面也发挥着不可或缺的作用。通过高精度扫描仪和3D打印技术,我们可以将珍贵的传统工艺品进行数字化高清处理,生成精确的三维模型。这些模型不仅便于长期保存和研究,还能在全球范围内进行共享和传播,极大地扩大了传统工艺品的影响力和知名度。同时,人工智能技术还能辅助工艺品的修复工作。对于受损的工艺品,通过图像处理和机器学习技术,我们可以对其进行虚拟修复,还原其原始风貌。这不仅为修复工作提供了重要的参考依据,还能避免对实物进行直接操作可能带来的二次损害。

## (三)数字化处理技术永久保存文化遗产

### 1. 高精度数字化重建与复制

数字化处理技术的核心在于其高精度的数据采集和重建能力。通过高分辨率扫描仪等先进设备,我们可以对传统工艺品进行全方位的扫描和数据捕捉,从而获取其精确的三维模型和表面纹理信息。这些数据不仅记录了工艺品的形状、尺寸和细节特征,更蕴含了其独特的艺术风格和历史文化内涵。有了这些高精度数据,我们就可以利用3D打印等技术手段进行实体复制或数字模型的重建。这种重建和复制不仅保留了工艺品的原貌,更实现了其文化的传承和传播。无论是博物馆的展示需求,还是学者的研究需要,甚至普通公众的文化体验,这些高精度的复制品和数字模型都提供了极大的便利。

### 2. 数据挖掘与文化内涵的深入挖掘

数字化处理技术不仅停留在工艺品的表面形态捕捉上,更进一步地,通过数据分析技术深入挖掘其背后的文化内涵和历史价值。例如,通过对工艺品表面纹理、色彩运用、造型特点等方面的分析,我们可以探究其所属历史时期的审美观念、工艺水平和文化特色。这种深入的数据挖掘不仅为学者和研究人员提供了宝贵的研究资料,更为我们理解和传承传统文化提供了全新的视角。在数字化的过程中,这些珍贵的文化遗产得以以数据的形式永久保存,供后人不断学习和探索。

### 3. 工艺品的修复与保护

随着时间的推移,许多传统工艺品因各种原因而受损。在传统的修复过程中,由于技术限制和人为因素,许多传统工艺品往往难以完全恢复其原始风貌。然而,数字化处理技术为工艺品的修复和保护提供了有力的支持。通过对比数字模型和实物,修复人员可以准确地识别出受损部分,并制定出科学的修复方案。在修复过程中,数字化技术还可以提供实时的数据反馈和效果预览,确保修复工作的精确性和有效性。这种数字化的修复方式不仅最大程度地保留了工艺品的原始信息和历史价值,更为其未来的保存和传承提供了坚实的保障。除了修复工作外,数字化处理技术还可以用于工艺品的预防性保护。通过对环境因素的实时监测和数据分析,可以及时预测和预防各种潜在的风险和损害因素,确保工艺品的长期保存和稳定展示。

# 第三章　制度层的创新表达

## 第一节　传统文化与现代制度的融合路径

### 一、传统文化与现代制度的对接与融合

#### (一)传统文化中积极因素的挖掘与利用

##### 1. 挖掘传统文化中的智慧元素

传统文化中蕴含着丰富的智慧元素,这些元素可以为现代制度的建设提供有益的参考。在人工智能时代,应该深入挖掘这些智慧元素,将其融入现代制度的设计与实施中。例如,儒家文化中的"仁爱"思想,强调人与人之间的相互关爱与尊重,这一思想可以引导现代企业在追求经济效益的同时,更加注重员工的感受与福祉,构建更加人性化的管理制度。同时,传统文化中的"和谐"理念,也可以为现代社会治理提供有益的启示,促进社会的和谐稳定。为了实现这一目标,可以通过多种方式来挖掘和利用传统文化中的智慧元素。可以鼓励企业和政府机构在制度设计中融入传统文化元素,形成具有中国特色的现代制度体系。此外,还可以通

过教育、培训等方式,提高人们对传统文化的认识和理解,从而更好地将其应用于现代制度的建设中。

**2. 创新传统文化的表达方式**

在人工智能时代,我们可以借助先进的技术手段,创新传统文化的表达方式,使其更加符合现代人的审美和接受习惯。例如,可以利用虚拟现实(VR)技术,重现历史场景,让人们身临其境地感受传统文化的魅力;利用大数据技术,分析人们对传统文化的兴趣和需求,为其提供更加精准的文化产品和服务;利用人工智能技术,开发具有互动性和趣味性的传统文化教育游戏,让年轻人在娱乐中学习和传承传统文化。通过这些创新性的表达方式,我们可以让传统文化在现代社会中焕发新的活力。这也有助于增强人们对传统文化的认同感和归属感,从而促进传统文化与现代制度的融合。

**3. 在现代制度建设中的引领作用**

传统文化中的道德伦理观念、社会价值观念等,都可以为现代制度建设提供有益的引领。例如,传统文化中强调的诚信、公正等观念,可以引导现代企业在经营活动中遵循道德规范,树立良好的企业形象;传统文化中的家庭观念、孝道精神等,也可以为现代家庭制度和养老制度的建设提供有益的借鉴。同时,还需要在现代制度的设计与实施中,充分体现传统文化的理念和价值观,使其与现代制度形成有机融合。这样不仅可以增强现代制度的文化底蕴和人文关怀,还可以提高人们对现代制度的认同感和接受度。在人工智能时代,我们要深入挖掘和利用传统文化中的积极因素,通过创新性的表达方式,让传统文化在现代社会中焕发新的活力。同时,还要发挥传统文化在现代制度建设中的引领作用,促进传统文化与现代制度的深度融合。这样不仅可以弘扬中华民族的优秀传统文化,还可以为现代社会的发展提供有益的借鉴和启示。

## (二)现代制度对传统文化的吸纳与创新

### 1. 现代制度对传统文化价值的重新认识与吸纳

随着时代的发展,人们对传统文化的认识不断深化。现代制度在构建过程中,开始重新审视传统文化的价值,并尝试将其融入制度设计中。例如,在现代企业管理中,越来越多的企业开始借鉴儒家文化中的"仁爱""忠诚"等理念,强调团队合作、人文关怀和企业的社会责任感。这不仅有助于提升企业的凝聚力和向心力,还能促进企业形象的塑造和品牌价值的提升。此外,在公共政策制定中,也越来越注重吸纳传统文化的智慧。比如,在制定环保政策时,借鉴道家"天人合一"的思想,强调人与自然的和谐共生,推动可持续发展。在制定教育政策时,融入儒家"因材施教"的教育理念,关注学生的个性化发展,提高教育质量。

### 2. 现代制度对传统文化的创新性转化

传统文化虽然蕴含着丰富的智慧和价值,但也需要与时俱进,与现代社会的需求相适应。现代制度在吸纳传统文化的过程中,不是简单地照搬和复制,而是结合时代背景和社会需求进行创新性转化。这种转化既保留了传统文化的精髓,又赋予了其新的时代内涵。以法律制度为例,传统法律文化中的"德治"思想被现代法律制度所吸纳,并转化为法治与德治相结合的治理模式。在制定法律时,既注重法律的威严性和强制性,又强调道德的教化作用,实现法律与道德的良性互动。这种创新性转化不仅丰富了法律制度的内涵,也提高了其社会认同度和实施效果。

**3. 现代制度借助传统文化推动社会治理创新**

在社会治理领域,现代制度积极吸纳传统文化的元素,推动社会治理模式的创新。例如,在城市管理中,借鉴传统文化中的"和合"思想,强调政府、市场和社会三方的协同治理,构建共建共治共享的社会治理格局。在农村治理中,融入传统文化中的"乡土情结"和"家族观念",发挥乡村社会的自治力量,推动乡村治理体系和治理能力现代化。同时,现代制度还借助传统文化的力量推动社会道德建设。通过弘扬传统文化中的优秀道德观念,引导人们树立正确的价值观和道德观,提高社会的整体道德水平。这种道德建设不仅有助于维护社会稳定和谐,还能为经济发展提供有力的道德支撑。

现代制度对传统文化的吸纳与创新是一个复杂而深远的过程。它不仅需要我们对传统文化有深入的了解和认识,还需要我们具备创新意识和实践能力。通过重新认识与吸纳传统文化的价值、创新性转化传统文化的元素以及借助传统文化推动社会治理创新等方式,可以让传统文化在现代制度中发挥更大的作用,为社会的进步和发展注入更多的活力和动力。同时,也应该意识到传统文化与现代制度之间的融合并非一蹴而就的过程,而是需要长期的努力和实践才能实现的目标。因此,在未来的发展中,应该继续加强对传统文化的研究与传播工作,积极探索传统文化与现代制度相结合的新模式和新路径,为构建更加和谐、稳定、繁荣的社会贡献力量。

## (三) 文化自觉与现代制度构建的互动关系

### 1. 文化自觉为现代制度构建提供价值引领

文化自觉是一种对文化的深刻认识和自我觉醒,它包含了对文化地位、作用、发展规律的正确把握以及对发展文化的历史责任的担当。在文化自觉的指导下,人们能够更加清晰地认识到传统文化的精髓和价值,以及现代社会发展对文化的需求。这种价值引领为现代制度构建提供了重要的思想基础和价值取向。在构建现代制度的过程中,我们需要充分考虑文化的因素,确保制度与文化的契合。文化自觉能够帮助我们识别和提炼传统文化中的积极元素,如诚信、公正、和谐等,并将这些元素融入现代制度中,使其更加符合社会的道德规范和价值取向。同时,文化自觉还可以引导我们关注社会发展的新趋势和新需求,推动现代制度与时俱进,不断适应社会的发展变化。

### 2. 现代制度构建促进文化自觉的深化与拓展

现代制度的构建不仅为社会的稳定和发展提供了保障,也为文化的传承和创新创造了有利条件。通过建立和完善现代制度体系,我们可以更好地保护和传承传统文化,推动文化的创新和发展。这不仅有助于增强民族的文化自信和文化认同感,还能进一步激发人们的文化自觉意识。现代制度的完善可以促进教育、文化等领域的改革和发展,提高人们的文化素养和文化创造力。同时,现代制度还可以通过法律、政策等手段保护文化遗产和知识产权,为文化的传承和创新提供有力的制度保障。这些措施都有助于深化和拓展人们的文化自觉意识,推动文化的繁荣发展。

**3. 推动社会全面进步**

文化自觉与现代制度构建之间的互动关系不仅体现在文化领域和制度层面,还对整个社会的全面进步产生积极影响。一方面,文化自觉的提升有助于塑造积极向上的社会价值观,引导人们树立正确的道德观念和行为准则。另一方面,现代制度的完善则为社会的公平、正义和和谐提供了有力的制度保障。在这种互动关系的推动下,可以看到一个更加文明、开放和包容的社会正在逐步形成。人们的文化素养得到提高,创新能力得到激发,社会秩序更加稳定和谐。这种全面的社会进步不仅有利于提升国家的整体竞争力,还能为人们的生活带来更多的幸福感和满足感。

## 二、传统文化在现代制度中的价值体现

### (一)传统文化为现代制度提供伦理道德支撑

**1. 传统文化中的"仁爱"思想与现代社会的公平正义**

传统文化,特别是儒家文化,强调"仁爱"的思想。这种思想倡导人们要有关爱他人之心,以和为贵,注重人与人之间的和谐关系。在现代社会中,"仁爱"思想为现代制度的公平正义提供了伦理道德支撑。在法律制度方面,"仁爱"思想体现在对弱势群体的

保护上。例如,对于未成年人和老年人的特殊保护,以及对于残疾人的关照,都体现了"仁爱"的精神。这些法律规定,是为了确保每个人都能够享有基本的权利和尊严,从而实现社会的公平正义。在社会保障制度方面,"仁爱"思想也发挥了重要作用。通过建立完善的社会保障体系,为弱势群体提供必要的生活保障和医疗救助,体现了社会对于每个人的关爱和尊重。这种制度的建立,不仅有助于缓解社会矛盾,还能够促进社会的和谐稳定。

**2. 传统文化中的"诚信"观念与现代市场的经济秩序**

"诚信"是传统文化中的重要观念,它强调人们要言而有信、一诺千金。在现代市场经济中,"诚信"观念为经济秩序的稳定提供了伦理道德支撑。在商业活动中,"诚信"是经营之本。无论是企业还是个人,都需要遵循诚信原则,不进行欺诈、不虚报信息,以维护市场的公平竞争和消费者的合法权益。同时,"诚信"观念促进了企业之间的合作与共赢,推动了市场经济的持续发展。在法律层面,"诚信"原则被广泛应用于合同法、公司法等商业法律领域。它要求当事人在签订合同或进行商业合作时,必须遵循诚实信用原则,不得有欺诈、误导等不诚信行为。这不仅保护了当事人的合法权益,也维护了市场经济的正常秩序。

**3. 传统文化中的"礼义廉耻"与现代社会的道德规范**

"礼义廉耻"是传统文化中的重要道德规范,它要求人们知礼、懂义、廉洁、知耻。这些道德规范在现代社会中仍然具有重要的指导意义,为现代制度提供了伦理道德支撑。在公共道德方面,"礼义廉耻"要求人们尊重他人、遵守公共秩序、爱护公共设施等。

这些道德规范不仅有助于提升公民的道德素养,还能够促进社会的文明进步。在职业道德方面,"礼义廉耻"也发挥了重要作用。它要求从业人员恪守职业操守、廉洁奉公、不谋私利。这些道德规范对于维护职业形象、提高服务质量具有重要意义。同时,"礼义廉耻"也要求人们勇于承担社会责任,关注社会公益事业,为社会的和谐发展贡献力量。在现代政治制度中,"礼义廉耻"同样具有重要意义。它要求政府官员廉洁奉公、勤政为民,不得利用职权谋取私利。这种道德规范对于维护政府的公信力、提高行政效率具有重要作用。同时,"礼义廉耻"也要求公民积极参与政治生活、履行公民义务,为国家的繁荣稳定贡献力量。

## (二)传统文化中蕴含的社会治理智慧

传统文化中蕴含着丰富的社会治理智慧,这些智慧在现代社会治理中仍然具有重要的参考价值。例如,道家思想强调"无为而治",即顺应自然、不过度干预,这一思想对于现代政府职能转变、简政放权具有启示意义。政府应尊重市场规律和社会自治,避免过度干预,让社会力量在更多领域发挥积极作用。同时,传统文化中的"和合"思想也对现代社会治理具有指导意义。和合思想强调和谐、合作与共赢,这与现代社会治理的目标不谋而合。在现代社会治理中,我们需要注重多元主体的参与和协作,实现政府、市场、社会等多元力量的良性互动,共同推动社会的和谐发展。

## (三)传统文化在现代制度创新中的作用

一方面,传统文化中的创新思维和哲学理念为现代制度创新提供了灵感来源。例如,中医的阴阳平衡理论可以启发现代企业管理中的平衡发展思路;道家的辩证思维有助于我们在制度创新中把握全局、权衡利弊。另一方面,传统文化中的实践经验为现代制度创新提供了有益借鉴。例如,在中国古代农业社会中形成的精耕细作、因地制宜等农耕文化特色,对于现代农业生产管理仍然具有重要的指导意义。此外,传统文化中的教育理念、人才培养方式等也为现代教育制度创新提供了宝贵的经验借鉴。传统文化在现代制度中的价值体现的是多方面的。应该深入挖掘传统文化的宝贵资源,结合现代社会的实际需求进行创新发展,推动传统文化与现代制度的深度融合与共同进步。

## 三、推动传统文化与现代制度融合的策略与建议

### (一)加强传统文化教育,提升公民文化素养

要实现传统文化与现代制度的融合,首先需要提升公民对传统文化的认识和了解。因此,加强传统文化教育显得尤为重要。这包括在学校教育中增加传统文化课程,让学生从小就能接触到传统文化的精髓,理解其背后的深厚意蕴。同时,可以通过社会教育、媒体宣传等多种渠道,普及传统文化知识,提升全民的文化素养。在加强传统文化教育的过程中,我们还需要注重教育的方法和手段。传统文化教育不应仅仅停留在书本知识的灌输上,更应通过实践活动、互动体验等方式,让人们能够亲身感受到传统文化的魅力,从而更加深入地理解和接纳它。

## （二）促进传统文化与现代制度的对话与交流

要实现传统文化与现代制度的融合，必须建立起两者之间的对话与交流机制。这需要我们以开放的心态去审视传统文化和现代制度，寻找它们之间的共同点和契合点。在这个过程中，既要尊重传统文化的独特性，又要看到现代制度的先进性，努力实现两者的互补与共赢。通过举办文化论坛、学术研讨会等活动，为传统文化与现代制度的对话与交流提供平台。同时，可以鼓励文化界、学术界、政界等各领域的人士积极参与到这场对话中来，共同为推动传统文化与现代制度的融合贡献力量。

## （三）创新传统文化传承方式，推动其与现代制度的深度融合

在传承传统文化的过程中，我们需要不断创新传承方式，使其更加符合现代社会的审美和接受习惯。例如，我们可以利用现代科技手段，将传统文化元素融入影视、动漫、游戏等多媒体产品中，让更多的人在娱乐中感受到传统文化的魅力。同时，我们也可以借鉴现代市场营销的理念和手段，为传统文化的传播和推广打造更加多元化的渠道。此外，要推动传统文化与现代制度的深度融合，我们还需要在制度建设上下功夫。例如，在制定法律、政策等现代制度时，我们可以充分汲取传统文化中的智慧和价值观念，使其更加符合民族的文化传统和社会心理。同时，在执行现代制度的过程中，我们也需要注重与传统文化的协调和融合。

# 第二节　人工智能在传统文化传承
制度中的应用

## 一、人工智能在传统文化传承中的应用概述

### (一)智能化技术手段助力传统文化传承

人工智能通过自然语言处理、图像识别、机器学习等先进技术,为传统文化的传承提供了强有力的技术支持。例如,通过自然语言处理技术,人工智能可以高效地整理、分析和解读古籍文献,提取出关键信息,帮助研究者更好地理解传统文化的内涵。图像识别技术也在文物保护和修复中发挥了重要作用,通过高精度的图像识别和分析,人工智能可以辅助文物修复师更准确地判断文物的年代、材质和工艺等信息,为修复工作提供科学依据。此外,人工智能还可以模拟传统文化中的某些技艺和表演形式。例如,通过深度学习和动作捕捉技术,人工智能可以模拟传统舞蹈、戏曲等表演艺术,使得这些珍贵的文化遗产得以更广泛地传播和被了解。这种模拟不仅有助于保护和传承传统文化,还能激发年轻一代对传统文化的兴趣,促进文化的传承和发展。

### (二)大数据分析挖掘传统文化价值

人工智能技术中的大数据分析为传统文化的传承提供了新的

视角和方法。传统文化中蕴含着丰富的历史信息和人文价值,但由于历史原因和传承方式的限制,很多珍贵的文化遗产并未得到充分的挖掘和传播。而大数据技术的应用,使得我们可以从海量的文化数据中提炼出有价值的信息,进一步挖掘传统文化的深层内涵。通过大数据分析,可以了解传统文化在不同历史时期的发展脉络和特点,揭示其与社会、经济、政治等方面的内在联系。大数据分析还可以帮助我们发现传统文化中的热点和趋势,为文化传承和创新提供有力支持。例如,通过对古籍文献、民间传说、传统艺术等多元文化数据的综合分析,我们可以更深入地了解传统文化的多样性和丰富性,为传统文化的传承和发展提供新的思路和方法。

## (三)个性化推荐促进传统文化传播

在互联网时代,信息的传播方式和受众的接受习惯都发生了巨大的变化。为了适应这种变化,传统文化的传播方式也需要进行创新。人工智能技术中的个性化推荐算法为传统文化的精准传播提供了可能。通过收集和分析用户的行为数据、兴趣偏好等信息,个性化推荐算法可以为用户推送符合其需求的文化内容。这种推送方式不仅可以提高用户对传统文化的关注度和兴趣度,还能促进文化的多元化和个性化发展。例如,对于喜欢传统戏曲的用户,推荐系统可以向其推送相关的戏曲表演、历史背景、艺术家介绍等内容,从而增强用户对戏曲文化的了解和认同。同时,个性化推荐算法还可以根据用户的反馈和互动情况不断优化推荐结果,提高文化传播的效果和质量。这种智能化的传播方式不仅有助于扩大传统文化的影响力和覆盖面,还能激发更多年轻人对传统文化的热爱和传承热情。

## 二、人工智能在文物保护与修复中的应用

### (一)文物数字化与 3D 建模技术

#### 1. 高精度数据采集与重建

文物数字化与 3D 建模技术的首要应用是高精度数据采集与三维模型重建。传统的文物记录方式,如拍照、录像等,虽然能记录文物的外观,但在细节展示、尺寸测量、形态分析等方面存在局限性。而借助先进的 3D 扫描技术,如结构光扫描、激光扫描等,可以获取文物表面高精度的三维数据。这些数据不仅包含了文物的形态信息,还能精确反映文物表面的纹理、颜色等细节特征。在数据采集的基础上,通过 3D 建模技术可以构建出文物的三维数字模型。这些模型不仅具有极高的逼真度,而且可以进行任意的旋转、缩放等操作,便于研究人员从多个角度对文物进行细致的观察和分析。此外,三维模型还可以作为文物档案的重要组成部分,为后续的保护、修复工作提供准确的数据支持。

#### 2. 虚拟展示与传播

文物数字化与 3D 建模技术的另一大应用是虚拟展示与传播(如图 3-1 所示)。传统的文物展示方式往往受到时间、空间等因素的限制,而数字化技术则打破了这些束缚。通过构建文物的三

维数字模型,我们可以将其在虚拟环境中进行全方位的展示,使观众能够随时随地欣赏到文物的魅力。不仅如此,借助虚拟现实(VR)、增强现实(AR)等技术,还可以与文物进行互动,如旋转、缩放、拆解等操作,从而更深入地了解文物的结构和特点。这种新颖的展示方式不仅提升了观众的参与感和沉浸感,还极大地拓宽了文物的传播范围和影响力。在文化传播方面,文物数字化与3D建模技术也发挥着重要作用。通过构建数字博物馆、开展线上展览等方式,我们可以将文化遗产推向全球,让更多人了解和欣赏到中华文化的博大精深。这种跨时空、跨地域的传播方式不仅有助于提升文化的认知度和影响力,还能促进文化交流和互鉴。

**图 3-1　3D 文博元宇宙如何重新定义文明探索未来博物馆化展示与传承**

### 3. 为保护与修复提供科学依据

文物数字化与 3D 建模技术还为文物保护与修复工作提供了科学依据。在传统的保护与修复过程中,修复师往往凭借经验和技艺进行操作,而数字化技术的应用则使这一过程更加科学、精准。通过对比文物原始状态与当前状态的三维模型,修复师可以准确地识别出文物的损伤部位和程度。同时,借助先进的计算机辅助设计软件和模拟分析技术,修复师可以预测不同修复方案的效果和影响,从而选择出最优的修复路径。此外,文物数字化与3D建模技术还可以用于修复过程的记录和监控。通过定期采集文物在修复过程中的三维数据并构建数字模型,修复师可以实时掌握文物的修复进度和效果。这不仅有助于及时发现问题并进行调整,还为后续的修复工作提供了宝贵的经验和数据支持。

## (二)虚拟修复与历史重现

### 1. 实现文物的无损修复

传统的文物修复工作往往需要在文物上进行直接操作,这不可避免地会对文物造成一定程度的损伤。然而,通过虚拟修复技术,我们可以在计算机中创建文物的三维模型,并在模型上进行修复操作,从而实现对文物的无损修复。这种技术的实现离不开高精度的3D扫描和建模技术。首先,通过3D扫描仪对文物进行全方位的数据采集,生成文物的三维数字模型。然后,修复专家可以在计算机中对模型进行精细的修复操作,如填补缺损、恢复色彩等。所有操作都是在虚拟环境中进行,因此不会对文物本身造成任何损伤。虚拟修复技术不仅为文物保护提供了新的手段,还为修复方案的制定和实施提供了有力的支持。修复专家可以在计算机中模拟不同的修复方案,并预测其效果,从而选择出最佳的修复路径。

### 2. 重现历史场景与文化传承

人工智能技术可以帮助我们重现历史场景,使观众能够更直观地了解文物所处的历史背景和文化环境。通过结合历史文献、考古发掘资料以及数字模拟技术,我们可以在计算机中重建古代的建筑、城市景观以及人们的生活场景。这种历史重现的技术对于文化传承具有重要意义。它可以让观众穿越时空,亲身体验古代的生活方式和文化氛围,从而加深对传统文化的理解和认同。同时,通过历史重现,我们可以将文化遗产以更直观、更生动的形式展示给公众,增强公众对文化遗产的关注和保护意识。在实现历史重现的过程中,人工智能技术发挥了关键作用。通过深度学习算法和大数据分析技术,我们可以对历史文献和考古资料进行深入的挖掘和整理,提取出有价值的信息用于场景重建。同时,虚拟现实技术和增强现实技术也为历史重现提供了强大的展示平台,使观众能够身临其境地感受古代文化的魅力。

### 3. 辅助历史研究与教育

虚拟修复与历史重现技术为历史研究和教育提供了新的工具和方法。对于历史学家而言,这些技术可以帮助他们更直观地观察和分析文物的形态、结构和制作工艺,从而更深入地了解古代社会的历史和文化。同时,虚拟修复和历史重现,可以为教育工作者提供丰富的教学资源,使历史教育更加生动有趣。在教育领域,虚拟修复和历史重现技术可以激发学生的学习兴趣和好奇心。通过身临其境的体验和互动式的学习方式,学生可以更加深入地了解历史事件和文化背景。这种新颖的学习方式不仅提高了学生的学习效果,还培养了他们的创新思维和实践能力。此外,这些技术还可以为远程教育提供有力支持。通过在线平台,学生可以随时随地访问虚拟博物馆和历史重现场景,进行自主学习和探索。这种灵活的学习方式打破了时间和空间的限制,使更多人能够享受到优质的历史教育资源。

图 3-2　全息投影与博物馆的虚拟现实交融

## (三)智能监控与预防性保护

### 1. 实时监测与数据分析

在传统文化传承中,文物的保存状态至关重要。智能监控技术通过安装传感器、摄像头等设备,能够实时监测文物的温度、湿度、光照、震动等环境因素,以及文物的形变、色泽等物理状态。这些数据不仅反映了文物当前的保存状况,还能揭示文物在长期保存过程中的变化趋势。通过人工智能技术对这些海量数据进行处理和分析,我们可以更准确地评估文物的健康状态,及时发现潜在的风险因素。例如,通过监测文物表面的温湿度变化,可以预测文物是否存在霉变、腐蚀等风险;通过分析文物的形变数据,可以判断其结构是否稳定,是否需要采取加固措施。实时监测与数据分析不仅提高了文物保护的精准度和效率,还为预防性保护策略的制定提供了科学依据。通过对文物保存环境的持续优化,我们可以确保文物在最佳状态下得到长久保存,从而延续传统文化的生命力。

### 2. 风险预警与应急响应

预防性保护的核心在于提前识别并应对可能对文物造成损害的风险因素。智能监控系统通过设定阈值和算法模型,能够在风险因素达到危险水平之前发出预警信号。例如,当文物保存环境的湿度超过安全范围时,系统会自动触发报警装置,通知管理人员及时采取措施。除了环境监测数据的预警外,智能监控系统还可以通过图像识别技术检测文物表面的微小变化。一旦发现文物出现开裂、褪色等异常情况,系统会立即发出警报,以便管理人员迅速响应并采取措施防止损害扩大。在应急响应方面,人工智能技术同样发挥着重要作用。当发生突发事件如火灾、地震等时,智能监控系统能够迅速定位受损文物并评估损害程度。同时,系统还可以根据预先设定的应急预案自动调整保存环境参数、启动备用电源等措施,最大限度地减轻突发事件对文物的损害。

**3. 预防性保护策略的制定与实施**

基于实时监测数据和风险预警信息,我们可以制定更加科学有效的预防性保护策略。这些策略旨在通过改善文物保存环境、增强文物结构稳定性等手段来降低文物损害的风险。在实施预防性保护策略时,人工智能技术可以提供有力的支持。例如,通过机器学习算法对历史数据进行挖掘和分析,我们可以预测文物在不同环境条件下的老化趋势和损害风险。这有助于我们为每件文物量身定制最合适的保存方案。此外,人工智能技术还可以辅助管理人员制定应急预案和修复计划。在突发事件发生时,系统能够迅速生成损害评估报告和修复建议方案供管理人员参考。这不仅提高了应急响应的速度和准确性,还确保了文物能够在最短时间内得到有效的保护。

## 三、人工智能在传统文化研究与传播中的应用

### (一)智能文本分析与文献挖掘

**1. 古籍数字化与文本识别**

在传统文化研究领域,古籍、文献和历史资料承载着深厚的文化底蕴和历史信息。然而,这些珍贵的资料长期以纸质形式存在,不仅保存难度大,查阅和分析起来也极为不便。随着人工智能技术的崛起,特别是自然语言处理和机器学习算法的进步,为古籍的

数字化处理和文本识别提供了强大的技术支持。借助智能文本分析技术,研究人员能够迅速对古籍进行高精度扫描,通过光学字符识别(OCR)技术将纸质文献转化为可编辑、可检索的电子数据。这一过程不仅大幅提升了文献的存储和管理效率,还为后续的深入研究提供了极大的便利。数字化后的古籍文献,可以轻松实现关键词检索、数据统计分析等功能,研究者不再需要翻阅厚重的纸质书籍,就能快速定位到所需信息,极大地节省了研究时间(如图3-3所示)。

图3-3　"识典古籍"邂逅人工智能

### 2. 深度挖掘与分析

在古籍数字化与文本识别的基础上,利用机器学习算法可以对这些海量的文献数据进行深度挖掘和分析。其中,主题建模技术是一种重要的分析方法,它能够自动识别文献中的主题和关键词,进而揭示出传统文化中的知识结构和演变规律。通过主题建模,研究人员可以更加清晰地了解某一历史时期或文化现象的主题分布和变化趋势。例如,在分析古代文学作品时,主题建模可以帮助我们发现作品中频繁出现的主题和意象,从而深入理解作者的创作意图和文学风格。这种技术对于探究传统文化的内涵和特点具有重要意义。情感分析技术也是文献挖掘中的重要手段。情感分析能够识别和分析文献中的情感态度和价值观,为研究者提供新的视角来理解传统文化。例如,在分析古代诗词时,情感分析可以帮助我们量化诗人的情感倾向和表达方式,进而探究其背后的社会文化背景和个人心路历程。

### 3. 历史事件的追踪与重构

智能文本分析技术不仅在文献的整理和挖掘方面发挥着重要作用,还可以应用于历史事件的追踪和重构。通过对历史文献的时空分析和事件抽取,研究人员可以还原历史事件的发展脉络和人物关系,为历史研究提供更加全面和准确的信息。时空分析技术能够定位历史事件发生的时间和地点,揭示出事件之间的关联性和影响范围。事件抽取技术则可以从海量文献中自动识别和提取出与特定历史事件相关的信息,如参与人物、事件经过、结果等。这些信息对于历史研究者来说具有重要的参考价值,可以帮助他们更加深入地了解历史事件的来龙去脉和内在逻辑。智能文本分析与文献挖掘技术在传统文化研究中的应用具有广阔的前景和深远的意义。它不仅提高了文献研究的效率和质量,还为传统文化的传承和发展注入了新的活力。

（二）虚拟现实技术与增强现实技术在文化传播中的
应用

### 1. 构建逼真的古代场景，提供沉浸式体验

虚拟现实（VR）技术以其独特的沉浸式体验，为传统文化的传
播注入了新的活力（如图 3-4 所示）。通过先进的 VR 设备，如 VR
眼镜和头盔，观众可以仿佛置身于古代的场景之中，亲身感受那个
时代的氛围。这种技术的运用，使得古代宫殿、庙宇、街巷等文化
遗址得以在现代人眼前重现，而且是以一种前所未有的真实感呈
现出来。在这样的虚拟环境中，观众可以自由地探索和体验。他
们可以漫步在古代的街道上，欣赏那时的建筑风貌，感受古代人们
的生活方式。这种沉浸式的体验，无疑比传统的文字和图片介绍
更加生动和深刻。它不仅增强了观众对传统文化的感知和理解，
更激发了他们对文化遗产的兴趣和热爱。VR 技术还允许观众与
虚拟环境中的物体进行互动，进一步增强了体验的真实感。比如，
观众可以亲手打开一扇古代的木门，感受那沉甸甸的历史质感，或
者亲手触摸那些仿佛从历史长河中穿越而来的石器、陶器等文物，
体验那个时代的工艺水平和生活气息。

### 2. 利用增强现实技术，直观展示文化内涵

增强现实（AR）技术为传统文化的展示和解读提供了另一种
全新的手段。通过手机或平板电脑等便携设备，观众可以在现实
世界中看到虚拟的文化元素和信息。这种技术将虚拟与现实巧妙
地结合在一起，使得传统文化的展示变得更加直观和生动。在博

**图 3-4 VR(虚拟现实)技术重塑我们的未来体验**

物馆或文化遗址参观时,AR 技术应用可以让观众看到古代文物的"原貌"或历史场景的"重现"。比如,当观众站在一件破损的陶器前,通过手机上的 AR 技术应用,他们可以看到这件陶器在完整状态下的样子,甚至可以了解到它的制作工艺、使用场景等背后的文化内涵。这样的展示方式,不仅让观众更加直观地了解了传统文化的价值和意义,还增强了参观的趣味性和互动性。此外,AR 技术还可以用于教育领域,让学生在课堂上就能身临其境地感受传统文化的魅力。比如,在历史课上,老师可以利用 AR 技术重现历史事件或场景,让学生在互动中学习历史知识,提升对传统文化的认识和兴趣。

### 3. 拓展文化传播的广度和深度

虚拟现实技术和增强现实技术的结合运用,不仅让观众能够身临其境地体验传统文化,还通过互动和直观展示加深了观众对传统文化的理解和认同。这种新型的文化传播方式打破了时间和空间的限制,让更多人能够接触到并了解传统文化。同时,这些技术为文化遗产的保护和传承提供了新的思路。通过数字化重建和虚拟展示,我们可以对那些即将消失或已经消失的文化遗产进行保存和传播。这不仅有助于保护我们的文化根脉,还能让更多人欣赏到传统文化的独特魅力。虚拟现实和增强现实技术在传统文化传播中的应用具有广阔的前景和深远的意义。它们以独特的方式让观众更加深入地了解和体验传统文化,为文化的传承和发展注入了新的活力。

## (三)社交媒体与智能推荐在文化传播中的作用

### 1. 智能推荐算法与个性化内容推送

在数字化时代的浪潮中,社交媒体以其独特的互动性、即时性和广泛覆盖性,成为信息传播的重要渠道。而人工智能技术的引入,特别是智能推荐算法的应用,更为传统文化的传播带来了革命性的变革。智能推荐算法能够根据用户的历史行为、兴趣爱好和社交关系等多维度数据,精准地推送符合用户偏好的内容。在传统文化传播方面,这意味着社交媒体平台可以为每个用户量身打造一份个性化的文化大餐。比如,对于热爱古诗词的用户,平台可以推送更多关于古诗词赏析、创作背景和历史文化的内容;对于喜欢传统手工艺的用户,则可以提供更多手工艺制作教程、作品展示和相关历史文化知识。

### 2. 用户生成内容与传统文化的创新表达

社交媒体平台上的用户生成内容(UGC)为传统文化的传播提供了丰富的素材和全新的视角。在社交媒体上,每个人都可以成为内容的创作者和传播者,他们通过自己的理解和创新,将传统文化以更加现代、多元的方式呈现出来。例如,古风摄影爱好者通过拍摄古色古香的照片,展现了传统文化的韵味和美感;传统手工艺品制作者则通过分享自己的制作过程和成品展示,让更多人了解和欣赏传统手工艺的魅力。这些用户生成内容不仅丰富了传统文化的表现形式和传播途径,更激发了更多人对传统文化的兴趣和热爱。同时,社交媒体平台积极鼓励和引导用户分享与传统文化相关的内容。通过举办线上活动、发起话题讨论等方式,平台为用户提供了一个展示自己才华和创意的舞台。这些活动不仅吸引了更多用户关注和参与传统文化的讨论和传播,还促进了文化的多样性和创新性的发展。

### 3. 互动式传播与增强文化认同感

社交媒体平台的互动式传播方式为传统文化的传播带来了更加深入人心的效果。通过点赞、评论、转发等互动功能,用户可以轻松参与到传统文化的讨论和传播中来。这种互动式的传播方式不仅增强了用户对传统文化的认同感和归属感,还促进了文化的多样性和创新性的发展。在社交媒体上,每个人都可以成为传统文化的传播者和推广者。他们通过分享自己的见解和体验,让更多人了解和认识到传统文化的价值和意义。同时,这种互动式传播为用户提供了一个交流学习的平台,他们可以在这里相互启发、共同进步。此外,社交媒体平台还可以通过人工智能技术举办线上文化活动、发起话题挑战等创新形式,进一步激发用户对传统文化的兴趣和热情。这些活动不仅丰富了用户的文化生活,还为传统文化的传承和发展注入了新的活力。

# 第三节　传统文化现代表达的制度创新

## 一、传统文化与人工智能的结合点

### (一)人工智能技术在传统文化表达中的应用

#### 1. 利用人工智能技术重现历史文化场景

人工智能技术可以通过深度学习、图像识别等技术手段,对历史文化场景进行高精度重现。这一应用不仅可以帮助我们更加直观地了解历史,还能够为传统文化的传承和发展提供新的路径。例如,在博物馆展览中,利用人工智能技术重现古代生活场景,让观众身临其境地感受古代文化的魅力。这种沉浸式的体验方式,不仅能够提升观众的参观兴趣,还能够加深他们对传统文化的理解和认同。此外,人工智能技术还可以应用于历史文化遗产的保护和修复工作。通过对历史文物进行高精度的三维扫描和建模,我们可以生成文物的数字副本。这不仅有助于文物的保存和保护,还能够为文物的修复工作提供有力的支持。通过人工智能技术,可以模拟出文物在不同环境下的变化和损耗情况,从而制定出更加科学合理的修复方案。

### 2. 基于人工智能技术实现传统文化的智能解读与传播

人工智能技术可以为我们提供更加便捷、高效的传统文化解读和传播方式。通过自然语言处理和机器学习等技术手段,我们可以对传统文化中的诗词、画作、音乐等艺术形式进行智能分析和解读。这种解读方式不仅能够帮助我们更深入地理解传统文化的内涵和价值,还能够为传统文化的传播提供新的渠道和方式。例如,在音乐领域,人工智能技术可以根据用户的喜好和反馈,智能推荐符合其口味的传统音乐作品。这种个性化的推荐方式,不仅能够提升用户对传统文化的兴趣,还能够促进传统文化的广泛传播。同时,人工智能技术可以应用于传统音乐的创作和改编过程中,为我们带来更加丰富和多样的音乐作品。

### 3. 借助人工智能技术实现传统文化的创新表达

人工智能技术为传统文化的创新表达提供了无限可能。这种创新表达方式不仅能够赋予传统文化以新的生命力和时代感,还能够吸引更多年轻人的关注和喜爱。例如,在服装设计领域,人工智能技术可以帮助设计师从传统文化中汲取灵感,将传统图案、色彩等元素融入现代服装设计中。这种融合不仅能够彰显传统文化的魅力,还能够为现代服装设计注入新的创意和活力。同时,人工智能技术可以应用于传统工艺品的制作过程中,提高制作效率和精度,降低制作成本,从而推动传统文化的产业化发展。

## （二）传统文化元素在人工智能设计中的体现

### 1. 传统文化符号的融入

在人工智能设计中,设计师们常常巧妙地将传统文化符号融入产品和服务中。这些符号可以是传统的图案、纹样,也可以是具有象征意义的图腾或吉祥物。这些传统文化符号的融入,不仅为设计增添了独特的视觉元素,还使得产品更具文化底蕴和民族特色。例如,在智能家居设计中,设计师可以将传统的云纹、如意纹等图案融入产品的外观设计中,使得智能家居设备在实用性的同时,也具备了艺术性和观赏性。此外,在一些人工智能机器人的设计中,也可以看到传统文化符号的影子。设计师们通过将这些符号融入机器人的外观设计中,使得机器人更加亲切、友好,更容易被人们接受和喜爱。

### 2. 传统色彩的运用

色彩是设计中不可或缺的元素之一,而在人工智能设计中,传统色彩的运用显得尤为重要。传统色彩往往承载着深厚的文化内涵和民族情感,将其运用到人工智能设计中,可以使得产品更加贴近人们的心理需求,引发人们的情感共鸣。例如,在中国传统文化中,红色代表着吉祥、喜庆,而黄色则象征着尊贵、权威。在人工智能产品的设计中,设计师可以根据产品的定位和受众群体,选择合适的传统色彩进行搭配和运用。比如,在一些智能家居产品的设计中,可以采用红色和黄色的组合,营造出温馨、舒适的家居氛围。这种色彩的运用不仅能够提升产品的美观度,还能够让人们在使用产品的过程中感受到传统文化的魅力。

### 3. 传统哲学思想的体现

传统哲学思想在人工智能设计中得到了体现。中国传统哲学思想强调和谐、平衡、自然等理念，这些理念对于人工智能设计具有重要的指导意义。在人工智能产品的设计中，设计师们需要充分考虑到产品的功能性和用户体验的平衡。他们可以从传统哲学思想中汲取灵感，将和谐、自然的理念融入产品设计中。例如，在智能家居系统的设计中，设计师可以运用传统哲学中的"天人合一"思想，将自然环境与人工环境有机地结合起来，打造出宜居、舒适的家居环境。这种设计思路不仅能够提升产品的实用性和舒适度，还能够让人们在享受科技带来的便利的同时，感受到传统文化的韵味。此外，传统哲学思想中的"中庸之道"也可以为人工智能设计提供有益的启示。在设计中追求适度和平衡，避免过度设计和功能堆砌，使得产品更加简洁、易用。这种设计理念不仅能够提升产品的用户体验，还能够让人们在使用产品的过程中感受到传统文化的智慧。

## （三）传统文化与人工智能的成功融合

### 1. 传统文化内容的智能化传播

传统文化与人工智能的结合，首先体现在内容的智能化传播上。借助人工智能技术，传统文化的表现形式和传播途径得到了极大的拓展。例如，通过自然语言处理和大数据分析技术，可以精准地分析用户的需求和兴趣，为用户推送符合其喜好的传统文化内容。这不仅提高了传统文化的曝光率和影响力,还使得用户能够更加方便地接触到传统文化,从而加深对文化的理解和认同。此外,人工智能技术还可以应用于传统文化的数字化保护和复原工作。通过对古籍、古画等文化遗产进行高精度扫描和识别,生成数字化副本,再通过虚拟现实(VR)和增强现实(AR)等技术手段,使用户能够身临其境地体验传统文化的魅力。这种沉浸式的体验方式,无疑为传统文化的传播提供了新的路径。

### 2. 传统文化元素的智能化创新

传统文化与人工智能的融合还体现在对传统文化元素的智能化创新上。借助人工智能技术,我们可以对传统文化元素进行提取、分析和再创造,生成具有创新性的艺术作品和设计产品。例如,在服装设计领域,可以利用人工智能技术对传统服饰的图案、色彩等元素进行提取和重组,设计出既具有传统文化韵味又符合现代审美需求的服饰产品。这种创新设计方式不仅赋予了传统文化以新的生命力,还拓宽了传统文化的应用领域和市场空间。同时,人工智能技术还可以应用于传统手工艺品的制作过程中。通过机器学习和计算机视觉等技术手段,我们可以对传统手工艺品的制作过程进行建模和优化,提高制作效率和精度。这不仅有助于传统手工艺品的传承和发展,还为其产业化发展提供了技术支持。

### 3. 传统文化智慧的智能化应用

传统文化中蕴含着丰富的智慧和哲理,这些智慧和哲理对于现代社会治理、企业管理、人际交往等方面都具有重要的指导意义。通过与人工智能的结合,我们可以将这些传统文化智慧进行智能化应用,为现代社会的发展提供有益的参考和借鉴。例如,在企业管理中,可以借助人工智能技术对传统文化中的"和为贵""中庸之道"等思想进行挖掘和应用,构建和谐的企业文化和管理模式。在人际交往中,可以利用人工智能技术对传统文化中的"礼之用,和为贵""己所不欲,勿施于人"等道德准则进行智能化推广和实践,提高人们的道德素质和社会责任感。

## 二、传统文化的现代化表达

### (一)制度创新在传统文化表达中的必要性

#### 1. 传统文化传承与发展的需要

制度创新在传统文化的传承与发展中扮演着至关重要的角色。作为一个民族、一个国家深厚历史与文化底蕴的载体,传统文化蕴含着世代相传的智慧和价值观念。然而,时代的车轮滚滚向前,社会环境和人们的生活方式都在不断变化,这使得传统文化的传承面临诸多困境。在此背景下,制度创新显得尤为重要。制度创新能够为传统文化的传承提供持续的动力。新的政策制定可以明确文化传承的方向和目标,为传统文化的保护提供法律层面的支持。例如,近年来我国加大了对非物质文化遗产的保护力度,通过立法手段确立了非遗的保护地位,为传统技艺、民间艺术等提供了坚实的法律后盾。这不仅体现了国家对传统文化的重视,也激发了社会各界对传统文化传承的积极性和责任感。新机构的建立可以为传统文化的传承提供专业化和系统化的支持。如成立专门的传统文化研究机构,聚集专家学者进行深入研究,挖掘传统文化的深层价值,为传承工作提供学术支撑。同时,这些机构还可以承担起教育普及的职责,通过各种形式的活动和课程,让更多人了解和接触传统文化的魅力。

### 2. 增强文化自信与认同的需要

制度创新在增强文化自信和认同方面发挥着不可替代的作用。一个民族的文化自信是其精神力量的源泉,也是国家软实力的重要组成部分。通过制度创新,我们可以更加系统地挖掘和整理传统文化资源,让更多人了解和认识到本民族文化的独特价值和魅力。制度创新还可以推动传统文化与现代文化的有机融合。在现代社会中,传统文化往往被视为古老和过时的代名词,难以引起年轻人的兴趣和关注。然而,通过制度创新,我们可以为传统文化注入新的时代元素和创意灵感,使其在现代社会中焕发新的活力。例如,在传统节日中融入现代科技元素,举办各种形式的庆祝活动,让年轻人也能感受到传统文化的魅力和内涵。这种融合不仅有助于传统文化的传承和发展,还能增强人们对本民族文化的自信心和认同感。

### 3. 促进文化产业发展的需要

在全球化的大背景下,文化产业的发展已经成为国家竞争力的重要标志之一。传统文化作为文化产业的重要资源宝库,其开发利用对于提升文化产业的整体实力和竞争力具有举足轻重的意义。制度创新在这一过程中发挥着至关重要的作用。通过制度创新完善文化产业政策体系是推动文化产业发展的关键一环。政府可以出台一系列优惠政策和专项资金支持措施来鼓励文化企业和个人对传统文化进行创新和开发。这些政策不仅可以降低文化产业的准入门槛和投资风险,还能吸引更多的资本和人才流入这一领域,推动文化产业的快速发展。优化文化产业结构也是制度创新的重要目标之一。通过整合传统文化资源、推动产业集聚和融合发展等措施来打造具有特色的文化产业集群和品牌效应,不仅可以提高文化产业的附加值和市场竞争力,还能促进相关产业链条的完善和协同发展。

## (二)制定适应人工智能时代的传统文化保护

### 1. 利用人工智能技术进行数据挖掘与整理

人工智能时代为传统文化的保护提供了新的技术手段。通过大数据分析、自然语言处理等先进的人工智能技术,我们可以对海量的传统文化资源进行深度挖掘与整理。这包括对古籍、古曲、古画等文化遗产的数字化高清复制,以及对传统技艺、民间故事等非物质文化遗产的记录与分类。在这个过程中,可以建立起完善的传统文化数据库,为研究者提供便捷的查询与分析工具。同时,这些数字化资源可以通过互联网进行广泛传播,让更多人能够领略到传统文化的魅力。此外,利用人工智能技术,还可以对传统文化资源进行智能推荐与个性化定制,满足不同人群的文化需求。

### 2. 结合人工智能技术进行创新表达与传播

传统文化的保护不仅仅是对其进行原汁原味的保存,更重要的是让其在现代社会中焕发新的生命力。人工智能技术可以帮助我们实现这一目标。此外，人工智能技术可以助力传统文化的创新表达。例如，通过深度学习算法，可以将古典诗词、民族音乐等传统文化元素与现代流行音乐、街舞等时尚元素进行有机融合，创作出既具有传统文化底蕴又符合现代审美的新作品。同时，利用社交媒体、短视频平台等新媒体渠道，可以将传统文化的创新表达进行广泛传播。通过与网红、明星等意见领袖的合作，以及举办线上线下的文化活动，可以进一步提高传统文化的曝光度和影响力。

**3. 构建基于人工智能的传统文化教育与普及体系**

教育与普及是传统文化保护的重要环节。在人工智能时代，我们可以利用智能教育机器人、在线教育平台等技术手段，构建起完善的传统文化教育与普及体系。这不仅可以为学校提供丰富的教学资源，还能为社会大众提供便捷的学习途径。通过人工智能技术，可以为不同年龄段的学习者定制个性化的学习计划和学习内容。例如，为成年人提供在线讲座、互动课程等多样化的学习方式，满足他们不同层次的文化需求。此外，还可以利用人工智能技术对传统文化教育进行效果评估与反馈。通过收集和分析学习者的学习数据，我们可以及时调整教学策略和内容，以提高教育质量。同时，这种数据驱动的教育方式有助于我们发现和培养传统文化领域的优秀人才，为传统文化的传承与发展储备人才资源。

## （三）建立传统文化与现代科技相结合的产业机制

**1. 融合传统文化与现代科技，创新文化产品与服务**

传统文化是中华民族的瑰宝，蕴含着深厚的历史底蕴和文化内涵。然而,要让传统文化在现代社会中焕发新的活力,就必须与现代科技相结合,创新文化产品与服务。也可以借助互联网和移动应用技术,开发传统文化主题的在线教育平台,让更多人便捷地学习和了解传统文化。传统文化元素还可以与现代设计理念相结合,创造出独具特色的文化产品。比如,将传统图案、色彩等元素融入现代服饰、家居用品等设计中,既体现了传统文化的韵味,又符合现代审美需求。这种创新性的文化产品与服务,不仅能够满足消费者的多样化需求,还能为文化产业的发展注入新的活力。

### 2. 构建传统文化数字化保护与传播平台

数字化技术为传统文化的保护与传播提供了新的手段。通过建立传统文化数字化保护与传播平台,可以将珍贵的文化遗产进行数字化处理,实现长期保存和广泛传播。这种平台不仅具备数据存储、管理、检索等功能,还能提供在线展示、互动交流等多元化服务。在构建这一平台时,我们应注重数据的采集、整理与分类工作,确保信息的准确性和完整性。同时,平台的设计应兼顾用户体验和文化传播效果,提供便捷的操作界面和丰富的互动功能。此外,为了保障数据的安全与稳定,我们还应加强技术防范和法律监管措施。传统文化数字化保护与传播平台的构建,需要政府、文化机构、科技企业等多方共同参与。政府可以提供政策支持和资金投入;文化机构则负责提供丰富的文化资源和专业指导;科技企业则承担技术研发和平台运营等任务。通过这种合作模式,我们可以共同推动传统文化的数字化保护与传播工作取得更大成果。

### 3. 加强国际合作与交流,推广传统文化科技产品与服务

在全球化背景下,加强国际合作与交流对于推广传统文化科

技产品与服务具有重要意义。通过与世界各国开展文化交流活动、参加国际文化展览等方式,我们可以展示中国传统文化的独特魅力,并寻求与国际市场的深度合作机会。同时,我们可以引进国外先进的科技手段和创新理念,为传统文化的保护与发展提供新的思路和方法。例如,可以与国际知名文化机构或企业建立战略合作关系,共同研发和推广具有中国传统文化特色的科技产品与服务。这种合作模式不仅能够拓展传统文化的国际影响力,还能促进文化产业的国际化发展。在国际合作与交流中,应注重保护传统文化的知识产权和版权问题。通过建立完善的知识产权保护机制和版权交易平台,我们可以保障创作者的合法权益并促进优秀文化作品的国际传播与推广。这将有助于提升中国传统文化在国际舞台上的地位和影响力,为文化产业的持续发展奠定坚实基础。

## 三、传统文化的智能化传承与发展

### (一)利用人工智能技术挖掘和整理传统文化资源

#### 1. 数据收集与预处理

利用人工智能技术挖掘和整理传统文化资源的第一步,是进行广泛而系统的数据收集。这包括但不限于古籍文献、历史文物、民间艺术、传统音乐、舞蹈等多种形式的传统文化资源。通过数字化的手段,如扫描、拍摄、录音等,将这些珍贵的文化资源转化为可供计算机分析和处理的数据格式(如图 3-5 所示)。数据预处理是这一过程中的关键环节。由于传统文化资源具有多样性和复杂性，收集到的数据往往存在格式不统一、质量参差不齐等问题。因此，需要利用人工智能技术对数据进行清洗、去噪、标准化等预处理操作，以增强数据的可用性和准确性。预处理的过程还可以包括对数据的标注和分类，为后续的数据挖掘和分析奠定基础。

通过数字化的手段，如扫描、拍摄、录音等，将这些珍贵的文化资源转化为可供计算机分析和处理的数据格式。数据预处理是这一过程中的关键环节。

知识表示与应用是利用人工智能技术挖掘和整理传统文化资源的最后一步。知识表示技术可以将挖掘出的文化知识和规律以结构化的形式进行展示和存储。

数据收集与预处理　　数据挖掘与分析　　知识表示与应用

通过这些技术，我们可以发现传统文化资源之间的联系和差异，识别出关键的文化特征和模式。

**图 3-5　利用人工智能技术挖掘和整理传统文化资源**

### 2. 数据挖掘与分析

在完成数据收集和预处理后，接下来是利用人工智能技术进行数据挖掘与分析。这一步骤旨在从海量的数据中提取出有价值的信息和知识，以揭示传统文化的深层规律和内在联系。数据挖掘技术包括聚类分析、关联规则挖掘、文本挖掘等多种方法。通过这些技术,我们可以发现传统文化资源之间的联系和差异,识别出关键的文化特征和模式。例如,在古籍文献的挖掘中,可以利用文本挖掘技术分析文献中的高频词汇、主题分布等,从而揭示某一历史时期的文化偏好和思想潮流。此外,人工智能技术还可以帮助我们进行文化趋势的预测和分析。通过对历史数据的训练和学习,机器学习模型可以预测未来文化发展的方向和趋势,为文化遗产的保护和传承提供科学依据。

### 3. 知识表示与应用

数据挖掘与分析的结果需要以直观、易懂的方式呈现出来,以便更好地服务于传统文化的保护、传承和创新。因此,知识表示与应用是利用人工智能技术挖掘和整理传统文化资源的最后一步。知识表示技术可以将挖掘出的文化知识和规律以结构化的形式进行展示和存储。这包括构建知识图谱、生成可视化图表等多种方式。通过这些手段,可以更加清晰地了解传统文化的整体框架和细节特征,为文化研究者和普通公众提供更加便捷的学习途径。在知识应用方面,人工智能技术可以助力传统文化的创新表达和传播。例如,通过智能推荐系统为用户推送个性化的文化内容;利用虚拟现实技术重现历史文化场景;借助自然语言处理技术实现与用户的智能交互等。这些应用不仅能够提升传统文化的吸引力和影响力,还能为文化产业的发展注入新的活力。

## (二)在智能教育、娱乐等领域的新应用

### 1. 传统文化与智能教育的深度融合

在智能教育领域,传统文化正发挥着越来越重要的作用。随

着人工智能技术的不断进步,智能教育平台如雨后春笋般涌现,它们以大数据、云计算等技术为支撑,为学习者提供个性化、互动式的学习体验。在这一过程中,传统文化内容的融入,不仅丰富了教育资源,还深化了学习者对传统文化的认识和了解。一方面,通过智能教育平台,学习者可以接触到大量的传统文化课程和资源,如古诗词赏析、书法练习、国画技巧等。这些课程以多媒体的形式呈现,结合生动有趣的互动环节,让学习者在轻松愉快的氛围中感受传统文化的魅力。另一方面,智能教育平台利用人工智能技术对学习者的学习过程进行分析和评估,为他们推荐适合自己的学习路径和资源。例如,根据学习者的学习风格和兴趣点,平台可以智能推荐相关的传统文化课程和活动,从而提高学习者的学习兴趣和效果。

## 2. 传统文化在娱乐领域的创新应用

在娱乐领域,传统文化同样展现出了强大的生命力和吸引力。随着人们生活水平的提高和审美需求的多样化,传统文化元素越来越多地融入各种娱乐形式中,为人们带来了全新的艺术享受。这些作品既保留了传统音乐的韵味和旋律,又融入了现代音乐的节奏和编曲方式,让人耳目一新。同时,以传统文化为主题的音乐节目和音乐比赛层出不穷,为观众带来了精彩纷呈的视听盛宴。此外,在影视作品中,传统文化元素扮演着越来越重要的角色。许多历史剧、古装剧都以传统文化为背景或主题,通过精美的场景布置、服饰道具以及演员们的精湛表演,将观众带入一个个充满古典韵味的奇幻世界。

**3. 传统文化与科技相结合推动创新发展**

传统文化与科技相结合不仅为智能教育和娱乐领域注入新的活力,还推动相关行业的创新发展。在智能教育领域,以传统文化为主题的科技产品如智能教育机器人、虚拟现实(VR)教育应用等不断涌现,为学习者提供了更加丰富多彩的学习体验。这些科技产品通过先进的技术手段将传统文化知识以更加直观、生动的方式呈现出来,激发学习者的学习兴趣和动力。在娱乐领域,传统文化元素的融入也为相关行业带来了创新机遇。例如,在游戏行业中,以传统文化为主题的游戏作品逐渐受到玩家的喜爱和追捧。这些游戏作品通过精美的画面、丰富的游戏内容和深厚的文化底蕴吸引了大量玩家参与其中,不仅为玩家带来愉悦的游戏体验,还进一步推动传统文化的传播和发展。

## (三)智能化手段提升传统文化的传播效率与影响力

**1. 利用智能化平台拓宽传播渠道**

智能化平台,如社交媒体、短视频应用、直播平台等,已成为现代人获取信息、交流互动的重要渠道。传统文化传播应充分利用这些平台,将文化内涵与现代科技相结合,以吸引更多年轻受众。例如,通过微博、微信等社交媒体平台,可以定期发布关于传统文化的精彩内容,如解读经典古籍、介绍传统节日习俗、展示传统手工艺等。这些内容以图文并茂、视频讲解的多媒体形式呈现,能够增强用户的阅读体验,提高传统文化的吸引力。同时,短视频和直播平台也为传统文化的传播提供了新的机遇。短视频以其短小精悍、易于传播的特点,成为年轻人喜爱的内容形式。传统文化传播者可以制作有关传统文化的短视频,如传统戏曲表演、书法绘画创作等,让用户在短时间内感受到传统文化的魅力。而直播平台则可以实现与观众的实时互动,传统文化专家可以通过直播讲解传统文化知识,回答观众提问,进一步拉近与受众之间的距离。

### 2. 借助大数据技术实现精准传播

大数据技术能够分析用户的兴趣偏好和行为习惯,为传统文化的精准传播提供支持。通过对海量数据的挖掘和分析,我们可以了解用户对传统文化的关注点和需求,从而制定出更加精准的传播策略。例如,根据用户的浏览记录和搜索行为,推荐相关的传统文化内容;通过分析用户的地理位置信息,推送当地特色的传统文化活动等。此外,大数据技术还可以帮助我们评估传播效果,及时调整传播策略。通过对用户反馈数据的收集和分析,我们可以了解用户对传统文化内容的满意度、参与度等指标,从而针对性地优化内容制作和推广方式。这将有助于提高传统文化的传播效率,使其更加贴近用户需求。

### 3. 运用虚拟现实技术增强沉浸式体验

虚拟现实(VR)技术为传统文化传播带来了革命性的变革。通过 VR 技术,用户可以身临其境地体验传统文化场景,如参观古代建筑、观赏传统戏曲表演等。这种沉浸式体验让用户更加直观地感受传统文化的魅力,增强了用户对传统文化的认知和兴趣。为了进一步提升用户的沉浸式体验,可以结合人工智能技术,为用户提供更加个性化的 VR 内容推荐和互动方式。例如,根据用户的喜好和行为习惯,为其推荐适合的 VR 文化体验项目;通过语音识别和自然语言处理技术,实现用户与虚拟角色的实时对话互动等。这将使用户在享受沉浸式体验的同时,更加深入地了解传统文化的内涵和价值。

# 第四章　人工智能与传统文化艺术的创新表达

## 第一节　人工智能在传统文化艺术创作中的角色与影响

### 一、人工智能与传统文化艺术结合的探索

#### (一)人工智能技术在传统文化艺术创作中的应用概述

**1. 辅助创作与灵感激发**

人工智能技术在传统文化艺术创作中,首先起了辅助创作和激发灵感的作用。传统文化艺术创作往往需要艺术家投入大量的时间和精力去寻找灵感、构思作品。而人工智能技术可以通过大数据分析、深度学习等方法,为艺术家提供丰富的创作素材和灵感来源。例如,在绘画创作中,人工智能可以根据艺术家的创作风格和喜好,智能推荐色彩搭配、构图方式等,从而帮助艺术家快速找到创作灵感,提高创作效率。此外,人工智能技术还可以模拟人类

的创作过程,生成具有独特风格和美感的艺术作品。这些作品不仅可以作为艺术家的参考,还可以激发他们的创作灵感。通过与人工智能的合作,艺术家可以不断拓宽自己的创作思路和视野,创作出更加丰富多彩的艺术作品。

**2. 艺术风格转换与融合**

人工智能技术还可以实现艺术风格的转换与融合,为传统文化艺术创作带来更多的可能性。通过深度学习算法,人工智能可以学习和模仿不同艺术家的创作风格,并将这些风格应用到其他作品中,从而实现艺术风格的转换。这种技术不仅可以用于创作新的艺术作品,还可以用于修复和重建受损的艺术作品,使其恢复原貌。同时,人工智能技术可以实现不同艺术风格的融合,创作出别具一格的艺术作品。例如,在绘画领域,人工智能可以将中国传统山水画与西方油画风格相融合,创作出既具有东方韵味又富有西方色彩的艺术作品。这种融合不仅可以丰富艺术作品的风格和内涵,还可以为观众带来全新的视觉体验。

**3. 智能化展示与传播**

人工智能技术在传统文化艺术创作中的另一个重要应用是智能化展示与传播。随着数字技术的不断发展,人工智能技术为传统文化的展示和传播提供了更加便捷和高效的途径。此外,人工智能技术还可以实现艺术作品的智能化推荐和传播。通过分析用户的兴趣和需求,人工智能可以为观众推送符合其口味的艺术作品和相关信息,从而提高传统文化的传播效率和影响力。同时,人工智能技术可以用于艺术作品的版权保护和交易管理等方面,为传统文化艺术的商业化运营提供有力支持。

## (二)人工智能如何辅助传统文化艺术的创作过程

### 1. 提供丰富的创作素材与灵感

传统文化艺术创作往往需要汲取大量的历史、文化和艺术元素。人工智能通过大数据分析技术,能够迅速搜集和整理海量的相关信息,为艺术家提供丰富的创作素材。例如,在绘画创作中,人工智能可以根据艺术家的需求,智能筛选出符合主题的历史画作、色彩搭配方案以及构图技巧等,从而帮助艺术家快速进入创作状态。此外,人工智能还能通过算法生成全新的、富有创意的图像或设计,为艺术家提供灵感来源,激发他们的创新思维。

### 2. 实现艺术技法的模拟与优化

传统文化艺术创作中,技法的运用对于作品的表现力至关重要。人工智能可以学习和模拟各种艺术技法,为艺术家提供技术支持和创作建议。以书法创作为例,人工智能可以学习和模拟不同书法家的笔触、力度和节奏等特征,帮助艺术家更好地掌握和运用各种书法技法。同时,人工智能能根据艺术家的创作风格和喜好,智能推荐适合的技法组合,从而提升作品的艺术表现力。在绘画领域,人工智能同样可以模拟各种绘画技法,如水墨渲染、油画笔触等,为艺术家提供更加丰富的表现手法。

### 3. 助力作品的后期处理与优化

传统文化艺术创作完成后,往往需要进行后期处理和优化以提升作品的整体效果。人工智能在这一环节也发挥着重要作用。

例如,在绘画作品中,人工智能可以通过图像识别和处理技术,智能调整画面的色彩、明暗和对比度等参数,使画面更加和谐统一。此外,人工智能还能识别并修复作品中的瑕疵和不足之处,如去除噪点、增强细节等,从而提升作品的整体质量。在音乐创作中,人工智能也可以对音频进行智能处理,如降噪、混音等,使音乐作品更加完美。人工智能在辅助传统文化艺术创作过程中,并非替代艺术家的判断和创造力,而是作为一种高效的工具,帮助艺术家更好地实现创作意图。艺术家仍然需要通过自己的审美和技艺来驾驭这些工具,将技术与艺术完美融合,从而创作出更加出色的传统文化艺术作品。

## (三)传统文化艺术在人工智能时代的创新发展

### 1. 艺术形式的现代化演绎

人工智能技术的引入,使得传统文化艺术得以以全新的面貌呈现。传统的绘画、音乐、舞蹈等艺术形式,通过与人工智能技术的结合,焕发出了新的光彩。例如,借助人工智能技术,古典绘画中的色彩和线条可以得到更为精准的控制与表现,使得画面效果更加立体、生动。在音乐领域,人工智能可以模拟传统乐器的音色,甚至创作出融合传统与现代元素的音乐作品,为听众带来耳目一新的感受。同时,舞蹈艺术可以通过动作捕捉技术,实现传统舞蹈的数字化高清重现,让更多人能够领略到传统文化艺术的魅力。

### 2. 创作手法的多元化探索

在人工智能的助力下,传统文化艺术的创作手法变得更加多元化。艺术家们开始尝试利用人工智能技术来拓宽创作思路,实现更加个性化的表达。比如,在书法创作中,人工智能可以帮助书法家模拟出各种笔法和墨色效果,从而丰富书法作品的层次感和视觉冲击力。在绘画领域,人工智能的图像处理技术为艺术家提供了更多的创作手段和可能性,如通过算法生成独特的艺术图案或实现不同绘画风格的自动转换等。

**3. 传播方式的全球化拓展**

随着人工智能技术的不断发展,传统文化艺术的传播方式也迎来了全球化的拓展。借助互联网和人工智能技术,传统文化艺术作品可以轻松地跨越国界和地域的限制,被更多人所了解和欣赏。例如,通过虚拟现实(VR)技术,观众可以身临其境地体验传统戏剧、舞蹈等艺术表演;通过智能语音翻译技术,不同语言的观众可以无障碍地欣赏和理解传统文化艺术的内涵。这些全球化的传播方式不仅有助于提升传统文化艺术的国际影响力,还能促进不同文化之间的交流与融合。然而,在追求创新发展的同时,我们也要保持对传统文化艺术的敬畏和尊重。人工智能技术虽然强大,但它并不能完全替代人类的审美和创造力。因此,在利用人工智能技术推动传统文化艺术创新发展的过程中,我们需要注重技术与艺术的和谐融合,确保创新不失传统之韵、科技不夺艺术之美。

## 二、人工智能对传统文化艺术创作方式的改变

### (一)人工智能对传统绘画、书法等艺术形式的影响

在传统绘画和书法领域,人工智能技术的引入已经带来了革

命性的变革。在绘画方面,人工智能不仅可以通过算法模拟各种绘画风格,还能为艺术家提供创作灵感。例如,通过深度学习技术,人工智能可以分析和学习大量经典画作,然后生成具有独特风格的新作品。这种技术为艺术家提供了一个全新的创作平台,使他们能够在短时间内尝试多种风格和技巧,从而极大地丰富了绘画的艺术表现力。在书法领域,人工智能也展现出了惊人的能力。通过模仿和学习历代书法大师的笔法和气韵,人工智能可以生成具有高度艺术价值的书法作品。这不仅为书法爱好者提供了一个学习和欣赏的平台,还为书法艺术的传承和发展注入了新的活力。此外,人工智能还可以辅助书法家进行创作,为他们提供灵感和建议,使得书法作品更加完美。

## (二)人工智能在音乐、舞蹈等艺术创作中的作用

在音乐创作方面,人工智能已经展现出了惊人的创作才能。通过深度学习和音乐理论知识的结合,人工智能可以生成旋律优美、和声丰富的音乐作品。这种技术不仅为音乐家提供了一个全新的创作工具,还为音乐产业的发展注入了新的动力。同时,人工智能可以根据听众的喜好和需求,智能推荐和定制音乐作品,使得音乐更加贴近人们的生活和情感。在舞蹈创作方面,人工智能也发挥着越来越重要的作用。通过动作捕捉和分析技术,人工智能可以生成独特的舞蹈动作和编排方案。这不仅为舞蹈编导提供了一个强大的创作工具,还为舞蹈艺术的创新和发展提供了新的思路。同时,人工智能可以辅助舞蹈演员进行训练和表演,提高他们

的技艺水平和表现力。

(三)人工智能助力传统文化艺术的数字化保护与传承

随着数字化技术的不断发展,人工智能在传统文化艺术的保护和传承方面也发挥着越来越重要的作用。通过高分辨率扫描和图像处理技术,人工智能可以实现对古籍、古画等珍贵文物的数字化保存和修复。这不仅为文物保护工作提供了新的手段和方法,还为学者和研究者提供了更加便捷和高效的研究工具。这使得观众可以更加深入地了解和感受传统文化艺术的魅力,增强了对传统文化的认同感和归属感。同时,这种数字化的展示方式也为传统文化的传播和推广提供了新的途径和平台。人工智能还可以辅助传统文化艺术的教育和普及工作。这不仅有助于提升公众对传统文化的认知和了解,还为传统文化的传承和发展奠定了坚实的基础。

## 三、面临的挑战与未来发展

(一)人工智能在传统文化艺术创作中遇到的挑战

在传统文化艺术创作中融入人工智能,虽然带来了诸多便利和创新,但也面临着不少挑战。技术的局限性是其中之一,当前的人工智能技术虽然取得了显著的进步,但在模拟人类复杂情感和创造力方面仍有待提升。这导致在某些需要深度情感表达和艺术创新的领域,人工智能的表现可能还显得生硬和不够自然。此外,人工智能在传统文化艺术创作中的应用还面临着文化理解和表达的问题。传统文化艺术往往蕴含着深厚的历史文化内涵,需要深入地理解和感悟才能准确表达。而人工智能目前对于文化的深层次理解仍有待加强,这在一定程度上限制了其在传统文化艺术创作中的发挥。同时,法律和伦理问题也是不可忽视的挑战。随着人工智能技术的不断发展,其在传统文化艺术创作中的应用也引发了关于版权、隐私和数据保护等法律和伦理问题的讨论。如何在推动技术创新的同时,确保对传统文化艺术的尊重和保护,是当前亟待解决的问题。

## (二)未来发展趋势

尽管面临挑战,但人工智能与传统文化艺术的结合仍展现出了广阔的发展前景。随着技术的不断进步,人工智能在模拟人类情感和创造力方面的能力将得到进一步提升。这将使得人工智能在传统文化艺术创作中发挥更大的作用,不仅能够辅助艺术家完成创作,甚至有可能独立创作出具有深度和情感的艺术作品。同时,随着人工智能对文化理解的加深,其将能够更准确地把握和表达传统文化艺术的精髓。这将有助于传统文化艺术的传承和发展,让更多人能够领略到传统文化的魅力和价值。另外,人工智能与传统文化艺术的结合还将推动跨领域的创新和合作。例如,人工智能技术可以将传统文化元素与现代艺术、科技等领域相结合,创造出全新而独特的艺术作品和体验。这种跨领域的创新将为传统文化艺术注入新的活力,使其在现代社会中焕发新的光彩。

(三)人工智能技术在传统文化艺术领域的应用前景展望

展望未来,人工智能技术在传统文化艺术领域的应用将更加广泛和深入。在创作方面,人工智能有望成为艺术家的得力助手,为他们提供灵感和支持。通过深度学习和生成对抗网络等技术,人工智能可以生成独特的艺术作品,与艺术家共同探索新的艺术风格和表现手法。在教育和普及方面,人工智能也将发挥重要作用。同时,人工智能还将助力传统文化艺术的数字化保护和展示工作。

# 第二节 人工智能与传统文化艺术的融合实践

## 一、融合探索

(一)人工智能技术在传统文化艺术创作中的初步尝试

### 1. 人工智能与传统绘画的融合

随着科技的日新月异,人工智能技术逐渐成了传统文化艺术创作领域的一股新兴力量。在传统绘画领域,这种技术的引入为古老的艺术注入了前所未有的活力。人工智能的初步尝试,已经让我们看到了它在艺术创作方面的巨大潜力,为传统文化艺术的创新开辟了新的路径。在传统绘画中,草稿的设计与色彩的搭配是两项至关重要的任务,但它们也是极其烦琐的工作。这时,人工智能技术就派上了用场。借助先进的算法,人工智能可以迅速地为艺术家提供多种草稿设计方案,极大地节省了艺术家的构思时间。而在色彩选择上,人工智能更是能够基于大量的数据分析和学习,为艺术家推荐与画作主题、氛围最为契合的色彩搭配。深度学习技术的运用,使得人工智能能够更深入地理解和模仿大师的画风。通过对历史名画的学习和分析,人工智能已经可以生成具有某种特定风格的艺术作品。例如,它可以模仿古代山水画大师的笔触和构图,创作出既有古典韵味又不失现代感的画作。这些画作不仅令人赏心悦目,还为当代艺术家提供了宝贵的创作灵感。

## 2. 人工智能在书法领域的探索

书法作为中国传统文化的重要组成部分,其独特的艺术韵味和书写技巧一直是人们追求的目标。而人工智能技术的引入,为这一古老的艺术形式带来了新的可能。通过模拟书法家的笔触和运笔方式,人工智能已经可以生成具有高度艺术价值的书法作品。这种技术的核心在于对书法家书写过程中的每一个细微动作进行捕捉和分析,然后利用算法进行模拟和再现。结果便是,我们可以在计算机屏幕上看到一行行流畅而有力的书法字迹,仿佛由一位真正的书法家亲手书写而成。这种技术的运用,不仅大大提高了书法家的创作效率,还为书法爱好者提供了更多学习和欣赏的机会。无论是初学者还是资深书法爱好者,都可以通过人工智能生成的书法作品来学习和揣摩各种书体的书写技巧和韵味。

### 3. 人工智能技术在传统文化艺术创作中的意义与展望

初步尝试中的人工智能技术,在传统文化艺术创作领域已经展现出了其独特的价值和意义。它不仅提高了艺术家的创作效率,还为传统文化艺术的创新提供了新的思路和方法。目前的人工智能技术还处在不断发展和完善的阶段。未来,随着技术的不断进步和应用领域的拓展,我们有理由相信人工智能将为传统文化艺术的发展带来更多的创新和机遇。例如,在绘画领域,人工智能有望通过更加精准的数据分析和学习,为艺术家提供更加个性化和创新性的创作建议。而在书法领域,人工智能也有可能通过进一步的算法优化和模拟技术的提升,生成更加逼真和富有艺术感染力的书法作品。人工智能技术在传统文化艺术创作中的初步尝试是令人振奋的。它不仅为我们带来了前所未有的艺术体验,还为传统文化艺术的传承和发展注入了新的活力。在未来的日子里,我们期待看到更多人工智能与传统文化艺术相结合的精彩作品和创新实践。

## (二)传统文化元素与 AI 技术的结合分析

### 1. 中国传统戏曲与 AI 技术的交融

中国传统戏曲,作为中华文化的重要组成部分,历经千年的沉淀与打磨,形成了独特的表演体系和艺术风格。然而,随着时代的变迁,如何让更多的年轻人了解和欣赏戏曲,成了一个亟待解决的问题。而 AI 技术的引入，为戏曲的传承与创新提供了新的可能。在实际应用中，人工智能技术与戏曲的结合已经取得了显著的成果。其中，最为引人注目的便是通过动作捕捉和面部识别技术，将戏曲演员的精湛表演数字化，进而生成虚拟戏曲角色。这一技术的运用，不仅使得戏曲表演的细节得以完美呈现，还为观众带来了全新的观赏体验。此外，AI 技术还为戏曲的传播提供更广阔的平台。通过数字化手段，戏曲表演可以轻松地传播到世界的每一个角落，让更多的人领略到中华戏曲的独特魅力。这不仅有助于戏曲文化的传承，还为戏曲艺术的创新注入了新的活力。

**2. 传统服饰元素与 AI 的结合**

服饰作为文化的重要载体，承载着丰富的历史信息和民族特色。中国传统服饰中的图案、色彩等元素，更是蕴含了深厚的文化内涵和审美意蕴。然而，在现代社会中，如何让传统服饰元素焕发新的生机与活力，成为设计师们思考的重点。在这一背景下，越来越多的设计师开始尝试将传统文化元素与人工智能技术相结合。利用 AI 技术提取传统服饰中的图案、色彩等元素，并巧妙地将其融入现代服饰设计中。这种设计方式保留了传统文化的韵味，使现代服饰更具时尚感和个性化。此外，AI 技术还在服饰定制领域发挥了重要作用。AI 算法可以根据消费者的身材数据和喜好偏好，为其量身定制专属的服饰款式。这种个性化的定制方式不仅满足了消费者对时尚和舒适的双重追求，还推动了服饰产业的创新和升级。

**3. AI 助力传统文化元素的创新应用**

AI 技术还在其他传统文化元素的创新应用中发挥重要作用。

例如,在书法艺术中,AI 技术可以帮助书法家完成作品的数字化保存和传播;在陶瓷艺术中,AI 技术可以用于陶瓷作品的辅助设计和制作;在传统音乐中,AI 技术可以实现对古典曲目的自动编曲和演奏等。AI 技术的加持可以更好地挖掘和利用传统文化元素的价值,让其在现代社会中焕发出新的光彩。

### (三)AI 助力传统文化艺术创新的方式探讨

#### 1. 提供丰富的创作灵感

在传统文化艺术领域,创作灵感是每一位艺术家的宝贵财富。然而,灵感的枯竭或重复是艺术家们常常面临的问题。人工智能技术,作为一个强大的辅助工具,正逐渐为艺术家们打开一扇新的灵感之门。通过深度学习和数据分析技术,人工智能可以深入挖掘传统文化中的隐藏元素和规律。例如,它可以分析古代诗词中的意象、韵律和传统图案中的构图法则,从而为艺术家揭示那些可能被忽视或遗忘的美学原则。这些新发现的美学元素和规律,无疑为艺术家提供了全新的创作视角和灵感来源。人工智能技术还能够模拟人类的创作过程,生成一些独特的、富有创意的作品片段。这些片段,虽然不是完整的作品,但它们所蕴含的新颖构思和表现手法,往往能激发艺术家进一步创作的欲望和想象力。

#### 2. 优化创作过程与提供多元选择

人工智能技术还在实际创作过程中发挥了不可或缺的作用。以绘画为例,人工智能可以根据艺术家的初步构想或草图,自动生成更为精细的线稿或草图。这一功能极大地减轻了艺术家在绘画初期的烦琐工作,使他们能够更专注于对画面的深入刻画和对意境的营造。在音乐创作方面,人工智能同样展现出了其独特的魅力。它不仅能够分析各种音乐风格的特点和规律,还能生成一些别具一格的旋律和声组合。对于音乐家而言,这些由人工智能生成的音乐片段,无疑为他们提供了更多的创作选择和灵感来源。他们可以在此基础上进行进一步的加工和改编,从而创作出独具个性的音乐作品。

### 3. 助力传统文化艺术的传播与推广

在数字化、网络化的今天,如何有效地传播和推广传统文化艺术,使其在新的时代背景下焕发新的生机与活力,是一个亟待解决的问题。而人工智能技术,正是解决这一问题的有力工具。通过智能推荐算法,人工智能可以精确地分析用户的喜好和需求,然后为他们推送个性化的传统文化内容。例如,对于喜欢中国古典园林的用户,人工智能可以推荐相关的园林摄影作品、古典园林的历史和文化背景介绍以及相关的旅游线路等。这种个性化的推送方式,不仅提高了传统文化内容的曝光率和点击率,还能让用户更加深入地了解和欣赏传统文化的魅力。

## 二、前景展望

### (一)人工智能与传统文化艺术结合

在未来的发展中,人工智能与传统文化艺术的结合将呈现出更加紧密和深入的趋势。随着人工智能技术的不断进步,其在传统文化艺术领域的应用也将更加广泛和精准。一方面,人工智能将在传统文化艺术的创作中发挥更大的作用。通过深度学习和生成对抗网络(GAN)等技术,人工智能可以更加准确地捕捉和模拟传统文化艺术的风格和特点,生成更加逼真和富有创意的作品。另一方面,人工智能将在传统文化艺术的传播和展示中发挥重要作用。同时,通过智能推荐算法,人工智能还可以根据观众的喜好和需求,为他们推送个性化的传统文化内容,进一步拓宽传统文化艺术的受众群体。

## (二)推动传统文化艺术创新的可能性与挑战

人工智能技术的引入为传统文化艺术的创新带来了巨大的可能性,但也面临着一些挑战。首先,人工智能可以帮助传统文化艺术突破传统的表现形式和创作手法,实现更加多样化和个性化的表达。例如,通过人工智能技术,我们可以将传统的绘画、书法、音乐等艺术形式与现代科技相结合,创造出全新的艺术作品和表现形式。这将为观众带来更加丰富的视觉和听觉体验,推动传统文化艺术的创新和发展。然而,挑战也同样存在。一方面,如何平衡人工智能技术与人类艺术家的创作关系是一个重要的问题。虽然人工智能可以模拟和生成艺术作品,但它无法替代人类艺术家的独特视角和情感表达。因此,在推动传统文化艺术创新的过程中,我们需要注重人类艺术家的主体地位和创造力发挥。另一方面,保护传统文化艺术的原创性和独特性也是一项重要的挑战。在人工智能技术的帮助下,传统文化艺术作品可以被轻松地复制和传播,但也增加了侵权和盗版的风险。因此,我们需要建立完善的版权保护机制,确保传统文化艺术作品的合法性和原创性得到保障。

### (三)跨学科合作与国际交流在 AI 与传统文化融合中的作用

跨学科合作与国际交流在推动人工智能与传统文化艺术融合中发挥着至关重要的作用。首先,跨学科合作可以促进不同领域之间的知识和资源共享,为人工智能在传统文化艺术领域的应用提供更多的创新思路和技术支持。例如,计算机科学家可以与艺术家、历史学家等专业人士进行合作,共同研发出更加先进和实用的人工智能技术,以满足传统文化艺术创新的需求。其次,国际交流有助于推动不同文化之间的交流与融合,为传统文化艺术的创新注入新的活力。通过参与国际艺术展览、文化节等活动,我们可以了解和学习其他国家和地区的传统文化艺术形式和表现手法,从而丰富自己的创作灵感和表现手法。同时,借助人工智能技术可以将不同文化元素进行有机融合,创造出具有全球视野和多元文化内涵的艺术作品。

# 第五章　人工智能助力传统文化产业发展

## 第一节　人工智能在传统文化产业中的应用与创新

### 一、文化遗产的数字化保护与传承

#### （一）文化遗产的数字化高清重现

**1. 文化遗产的数字化保存与重现**

中华五千年的文明史为我们留下了丰富的文化遗产,这些瑰宝蕴含着深厚的历史底蕴与文化内涵。然而,时间是一把双刃剑,它见证了文化的积淀,也带来了文物的损伤。随着时间的流逝,不少珍贵的文物和古籍因各种原因而受损,这对我们民族的文化传承无疑构成了威胁。在这一背景下,人工智能技术的出现为我们提供了新的解决思路。借助高精度的 3D 扫描和建模技术,我们能够将文化遗产进行数字化高清重现。通过全方位、高精度的扫描,可以捕捉到文物的每一个细节,再利用强大的算法将这些细节数据转化为三维模型。这种方式不仅使得文化遗产在计算机上得以完美呈现,更重要的是提供了一个可以随时查看和操作这些文化遗产的平台。

### 2. 数字化为文化遗产保护提供数据支持

数字化高清重现不仅为我们提供了一个全新的视角来欣赏和研究文化遗产,更为文化遗产的保护和修复工作提供了有力的数据支持。在过去,修复人员往往只能依靠经验和有限的工具来对文物进行修复,而现在,有了数字化模型的支持,可以更加精确地了解文物的内部结构和损伤情况。修复方案可以更加科学、合理,从而大大提高修复的效率和成功率。此外,数字化模型还可以用于模拟修复过程,帮助修复人员预测可能出现的问题,从而提前做好准备,确保修复工作的顺利进行。这无疑为文化遗产的保护工作带来了新的机遇。

### 3. 文化遗产的数字化传播与分享

除了为保护和修复工作提供支持外,数字化高清重现还让文化遗产的传播和分享变得更加便捷。在数字化时代,信息的传播速度和范围都得到了极大的拓展。通过将文化遗产转化为数字化形式,我们可以轻松地将其分享到互联网的各个角落,让更多的人有机会欣赏和学习这些瑰宝。这种传播方式不仅避免了物理损坏的风险,还打破了时间和空间的限制,使得文化遗产的传播更加广泛和深入。人们可以随时随地通过互联网访问这些数字化的文化遗产,深入了解其背后的历史和文化内涵。这对于传统文化的传承和发展具有重要意义,也有助于增强人们对本民族文化的认同感和自豪感。

## (二)文化遗产的深入分析与挖掘

### 1. 文化遗产背后历史文化内涵的挖掘

保护和传承文化遗产,绝非仅仅是对其物质形态的保存,更重要的是探寻和传承其背后的历史文化内涵。在这一方面,人工智能技术展现出了卓越的能力。利用大数据和深度学习技术,人工智能可以对文化遗产进行前所未有的深入分析和挖掘。这一技术的引入,为我们打开了一扇通向文化遗产深层次内涵的大门。人工智能能够对海量的历史文献、图像、音频等多媒体资料进行有效的整合和处理。通过对这些资料的深入挖掘,我们可以更加清晰地揭示出文化遗产背后的历史渊源、文化内涵和艺术价值。这种分析和挖掘的深度与广度,是传统研究方法所难以企及的。它不仅极大地丰富了我们对文化遗产的认知,更为我们提供了一种全新的视角和方法来审视和理解这些宝贵的文化遗产。

### 2. 古籍研究的新视角和方法

在古籍研究方面,人工智能技术的应用同样带来了革命性的变革。传统的古籍研究往往依赖于学者的手工整理和解读,这不仅耗时耗力,而且难以避免主观性和疏漏。而人工智能技术的引入,为古籍研究提供了全新的视角和方法。通过自然语言处理技术,人工智能可以对古籍中的文本进行精准的分词、标注和语义分析。这些操作不仅大大提高了古籍整理的效率和准确性,更能从中提取出关键信息和知识,为研究者提供更加便捷、全面的研究资料。此外,人工智能还能通过聚类分析、关联规则挖掘等方法,发现古籍之间的内在联系和规律。这些发现不仅有助于我们更深入地理解古籍的内在逻辑和知识体系,更为古籍的整理和利用提供了全新的思路和方法。

### 3. 在文化遗产研究中的未来展望

随着人工智能技术的不断发展和完善,其在文化遗产研究和保护中的应用将更加广泛和深入。在未来的研究中,人工智能将为我们揭示更多文化遗产背后的秘密,提供更多有价值的信息和见解。同时,随着技术的不断进步,人工智能在文化遗产保护中的应用将更加成熟和高效。也应该意识到,人工智能技术并不能完全替代人类的专业知识和经验。在文化遗产的研究和保护中,我们仍然需要专家的指导和参与,以确保研究的准确性和有效性。因此,我们应该将人工智能技术作为一种辅助工具,与人类的专业知识和经验相结合,共同推动文化遗产研究和保护事业的发展。

## (三) 文化遗产的虚拟展示与交互式体验

### 1. 文化遗产的沉浸式虚拟展示

随着科技的进步,虚拟现实(VR)技术的日益成熟为文化遗产的展示提供了全新的可能。通过结合 3D 建模技术和 VR 技术,人工智能为观众营造出一个沉浸式的文化体验环境。当观众佩戴上 VR 眼镜,他们仿佛被瞬间带到另一个时空,置身于由人工智能精心构建的虚拟世界之中。在这个世界里,观众可以与古老的文化遗产进行近距离的接触,观察其细腻的纹理,感受其厚重的历史气息。这种沉浸式的展示方式,极大地丰富了观众的感官体验,让他们能够更加直观地了解文化遗产的形态和特征。与此同时,它也激发了观众对传统文化的兴趣和好奇心,促使他们更加主动地去探索和了解传统文化的深厚底蕴。这种全新的展示方式,不仅为文化遗产的传播和普及开辟了新的途径,也为观众带来了前所未有的文化盛宴。

## 2. 交互式体验与智能交互

人工智能通过语音识别和自然语言处理等技术,为观众提供了与文化遗产进行智能交互的机会。在传统的文化遗产参观过程中,观众往往只能被动地接受信息,而无法与展品进行真正的互动。然而,在人工智能的加持下,观众现在可以通过语音与系统进行对话,主动询问关于文化遗产的各种问题,或者分享自己的看法和建议。这种交互式的体验方式极大地提高了观众的参与感和归属感。他们不再是单纯的旁观者,而是成为文化遗产保护和传承的积极参与者。通过与人工智能的互动,观众不仅能够获得更加个性化的文化体验,还能够更加深入地了解文化遗产背后的故事和历史。这种全新的参观方式不仅让观众的文化之旅变得更加丰富多彩,也为文化遗产的传承和发展注入了新的活力。

## 3. 个性化推荐与服务提升体验质量

在人工智能的助力下,文化遗产的展示和体验还实现了个性化的推荐和服务。通过对观众的兴趣和需求进行深入分析,人工智能能够为他们提供量身定制的文化体验方案。无论是对于历史爱好者、艺术鉴赏家还是普通游客,人工智能都能根据他们的喜好和需求,推荐最适合他们的文化遗产参观路线和活动。这种个性化的推荐和服务不仅提升了观众的文化体验质量,还进一步提高了他们的满意度。观众在享受个性化的文化之旅的同时,也能够更加深入地了解和感受到文化遗产的独特魅力和价值。这种全新的服务模式不仅为观众带来了更加便捷和高效的文化体验,也为文化遗产的保护和传承工作开辟了新的思路和方法。

## 二、传统文化内容的智能化创作与传播

### (一)传统文化的新篇章

在传统文化内容的创作上,人工智能以其强大的自然语言处理能力和机器学习技术,开辟了一片新天地。通过深度学习大量的古典诗词、文献和故事,人工智能能够自动生成具有传统文化特色的诗词、文章和故事。这些智能化创作的作品,不仅保留了传统文化的精髓,还注入了现代审美元素,使得传统文化焕发出新的活力。同时,人工智能的智能化创作还大大提高了创作效率。相较于传统的手工创作方式,人工智能能够在短时间内生成大量的作品,为传统文化的传播提供了更多的素材和可能性。这些智能化创作的作品,通过社交媒体和互联网平台迅速传播,使得更多的年轻人能够接触到传统文化,从而激发他们对传统文化的兴趣和热爱。

### (二)个性化的文化传播服务

在传统文化内容的传播上,人工智能通过智能化推荐技术,实

现了个性化的文化传播服务。通过对用户的行为数据和兴趣偏好进行深入分析,人工智能能够精准地把握用户的文化需求,为每个用户推荐符合其喜好的传统文化内容。用户可以根据自己的兴趣和需求,随时随地获取到自己喜欢的传统文化内容,从而更好地了解和感受传统文化的魅力。

### (三)传统文化活动的线上推广

此外,人工智能在传统文化活动的线上推广和营销方面也发挥着重要作用。利用大数据分析技术,人工智能可以对目标受众进行精准定位,分析他们的消费习惯、兴趣爱好和社交行为等信息,从而制定出更加有效的营销策略。通过智能化的营销策略,传统文化活动能够更好地吸引目标受众的关注和参与。无论是线上直播、短视频推广还是社交媒体营销,人工智能都能够提供精准的数据支持,帮助文化机构和企业更好地推广传统文化活动,提高活动的知名度和参与度。人工智能在传统文化内容的智能化创作与传播方面发挥着越来越重要的作用。通过智能化创作、智能化推荐和智能化营销等手段,人工智能为传统文化的传承和发展注入了新的活力和动力。我们有理由相信,在人工智能的助力下,传统文化将会焕发出更加璀璨的光彩。

## 三、传统文化产业的智能化升级与优化

### (一)智能化设计与生产

传统文化产业的核心在于其产品,而产品的设计与生产直接

决定了其市场竞争力。人工智能通过深度学习和模式识别技术，为传统文化产品的设计提供了全新的视角与思路。它不仅能够分析消费者的喜好和市场趋势，为设计师提供灵感和创意，还能够模拟出各种可能的设计方案，并通过算法评估其潜在的市场价值。在生产环节，人工智能同样发挥着不可替代的作用。传统的生产方式往往依赖于人工操作和经验积累，而人工智能则可以通过智能制造技术，实现高效、精准的生产和加工。这不仅可以提高产品质量和生产效率，还能够降低生产成本，增强传统文化产品的市场竞争力。智能化设计与生产并非简单的技术替代，而是传统文化与现代科技的深度融合。它要求设计师和生产者不仅要具备扎实的专业知识，还要对人工智能技术有深入的了解和掌握。只有这样，才能真正实现传统文化产业的智能化升级，激发文化创新活力。

## （二）智能化供应链管理与物流配送

传统文化产业的供应链管理和物流配送环节同样需要智能化升级。传统的供应链管理方式往往存在信息不对称、响应速度慢等问题，而人工智能则可以通过大数据分析和预测算法，实现对市场需求、库存情况和物流信息的实时掌握和精准预测。基于这些数据，人工智能可以自动调整生产计划和采购策略，优化库存结构，降低库存成本。同时，它还可以对物流配送路线进行智能规划，提高物流效率，降低运输成本。此外，人工智能还可以通过物联网技术实现对货物状态的实时监控和追溯，确保产品的质量和安全。智能化供应链管理与物流配送不仅提升了传统文化产业的运营效率,还为其在激烈的市场竞争中赢得了先机。通过智能化升级,传统文化产业可以更好地应对市场变化,满足消费者多样化的需求,实现可持续发展。

### (三)智能化客户服务:提升消费者体验

在传统文化产业中,客户服务是连接企业与消费者的重要桥梁。然而,传统的客户服务方式往往存在响应速度慢、服务质量不稳定等问题,难以满足消费者的需求。人工智能的引入,为传统文化产业的客户服务带来了革命性的变革。通过智能语音应答、智能客服机器人等技术,人工智能可以实现 24 小时不间断的客户服务支持。消费者可以通过语音或文字与智能客服进行交互,获取所需的信息和帮助。同时,人工智能还可以通过自然语言处理技术理解消费者的意图和需求,提供更加精准和个性化的服务。此外,人工智能还可以通过大数据分析消费者的行为和反馈,为企业提供宝贵的市场信息和改进建议。

# 第二节　人工智能与传统文化产业的融合发展前景

## 一、技术创新引领传统文化产业的转型升级

### (一)提升效率与创意的融合

传统文化产业的生产过程往往依赖于人工操作和传统技艺,效率低下且创新受限。然而,随着人工智能技术的引入,智能化生产成为可能。通过自动化生产线、智能机器人以及3D打印等先进技术的应用,传统文化产品的生产过程实现了高效化和精准化。这不仅提高了生产效率,降低了成本,还使得产品制作更为精细,质量得到显著提升。智能化生产为传统文化产业的创意发展提供了无限可能。人工智能通过深度学习和模式识别技术,能够分析消费者的喜好和市场趋势,为设计师提供灵感和创意。这种基于大数据和算法的设计思路,使得传统文化产品能够更好地满足现代消费者的审美需求,实现传统与现代的完美融合。

### (二)数字化创新:拓展文化内容的传播边界

传统文化产业的内容往往以物质形态存在,传播范围有限。然而,在人工智能技术的推动下,数字化创新为传统文化内容的传播提供了更为广阔的舞台。通过数字化技术,传统文化产品可以

转化为数字形态,通过互联网、移动媒体等渠道进行传播。这不仅拓宽了传统文化的受众范围,还使得文化内容得以更好地保存和传承。此外,数字化创新还为传统文化产业带来了全新的创作方式。借助虚拟现实、增强现实等技术,传统文化可以呈现出更为生动、逼真的效果,为消费者带来沉浸式的体验。这种全新的文化呈现方式,不仅增强了消费者的参与感和体验感,还使得传统文化在现代社会中焕发出新的活力。

### (三)智能化营销:精准定位与个性化服务的提升

传统文化产业的营销方式往往依赖于传统的广告宣传和销售渠道,效果有限且成本高昂。然而,在人工智能技术的助力下,智能化营销成为可能。通过大数据分析消费者的行为和偏好,传统文化企业可以精准定位目标受众,制定更为有效的营销策略。同时,借助智能客服、智能推荐等技术,企业可以为消费者提供更为个性化、便捷的服务,提升消费者的满意度和忠诚度。智能化营销不仅提高了传统文化产业的营销效率,还使得企业能够更好地理解消费者需求,优化产品和服务。通过与消费者的互动和反馈,企业可以及时调整市场策略,推出更符合消费者口味的产品和服务,从而在激烈的市场竞争中脱颖而出。

## 二、消费者体验的优化与个性化服务的提升

### (一)打破时空界限,实现即时互动

传统文化产业在消费者体验方面常常受限于时空的界限,而

人工智能技术的应用则打破了这一限制。智能语音应答、智能客服机器人等技术的引入,使得消费者能够随时随地与传统文化产品和服务进行互动。无论是咨询产品信息、了解活动详情,还是反馈使用体验,消费者都可以通过智能交互系统轻松完成。这种即时互动不仅提高了消费者的满意度,还使得传统文化产业能够更快速、更准确地把握消费者的需求和反馈。智能交互系统的应用还进一步丰富了传统文化产业的互动形式。通过虚拟现实、增强现实等技术,消费者可以身临其境地感受传统文化的魅力。例如,在博物馆或艺术馆中,消费者可以通过智能设备观看虚拟展览,与文物或艺术品进行互动,甚至参与到虚拟的文化活动中。这种沉浸式的体验方式不仅让消费者对传统文化有了更深入的了解,还增强了他们的参与感和归属感。

## (二)精准满足消费者需求,提升用户体验

在个性化服务方面,人工智能技术的应用使得传统文化产业能够更精准地把握消费者的喜好和需求。通过大数据分析消费者的行为和偏好,传统文化企业可以为消费者提供个性化的产品推荐和服务。例如,根据消费者的浏览记录、购买记录等信息,企业可以推送符合其兴趣的文化产品;根据消费者的反馈和评价,企业可以调整产品设计和服务内容,以更好地满足消费者的需求。个性化服务的提升还体现在传统文化活动的定制化上。通过智能算法和数据分析,企业可以为消费者提供定制化的文化活动方案。例如,根据消费者的年龄、性别、兴趣等因素,为其推荐适合的文化

活动或旅游线路;根据消费者的参与历史和反馈,为其打造个性化的文化体验。这种定制化的服务方式不仅提高了消费者的满意度和忠诚度,还使得传统文化产业的服务内容更加丰富多彩。

### (三)增强文化认同,实现情感共鸣

在优化消费者体验和提升个性化服务水平的过程中,人工智能技术还能够帮助传统文化产业与消费者建立更深层次的情感连接。通过智能交互和个性化服务,消费者能够更加深入地了解传统文化的内涵和价值,增强对传统文化的认同感和归属感。同时,传统文化产业也能够更好地把握消费者的情感需求,通过文化产品和服务触动消费者的情感,实现情感共鸣。这种情感连接不仅有助于提升传统文化产业的品牌价值和市场竞争力,还能够促进文化的传承和发展。通过与消费者的互动和反馈,传统文化产业可以不断优化和创新产品和服务,使其更加符合现代消费者的审美和需求。同时,消费者也能够通过参与和体验传统文化活动,更加深入地了解和感受传统文化的魅力,从而成为传统文化的传承者和推广者。

## 三、跨界融合与产业创新

### (一)跨界融合:拓展产业边界,创造新价值

传统文化产业正与科技、教育、旅游等多个领域展开跨界融合,共同探索全新的产业发展路径。在科技领域,传统文化产业与

科技产业的融合,催生了众多具有传统文化元素的科技产品。例如,以传统艺术为灵感的智能穿戴设备、融入传统文化元素的智能家居产品等,不仅丰富了科技产品的文化内涵,也提升了传统文化在现代生活中的影响力。同时,传统文化产业与旅游产业的结合也日益紧密。通过挖掘地方特色文化,打造具有独特魅力的文化旅游项目,吸引了大量游客前来体验。这种融合不仅推动了旅游产业的发展,也为传统文化提供了更广阔的传播平台。此外,传统文化产业还在教育领域展现出巨大的潜力。通过与教育产业的融合,传统文化得以在青少年中传承和发扬。开展传统文化教育和培训活动,不仅有助于培养青少年的文化素养,也为传统文化产业培养了潜在的市场和消费群体。

### (二)产业创新:催生新业态,引领新潮流

人工智能技术的应用为传统文化产业带来了前所未有的创新机遇。消费者可以通过这些技术,身临其境地感受传统文化的魅力,获得更加沉浸式的体验。这种创新不仅提升了消费者的满意度和忠诚度,也为传统文化产业带来了全新的商业模式和增长点。此外,人工智能还在市场营销和决策支持方面发挥着重要作用。通过大数据分析和预测,传统文化企业可以更加精准地把握市场需求和消费者偏好,制定更加有效的市场策略。同时,智能分析和预测还可以帮助企业预测市场趋势,为企业的长远发展提供有力支持。人工智能还在知识产权保护方面为传统文化产业提供了新的解决方案。基于区块链技术的数字版权保护系统,可以确保传

统文化作品的安全性和可追溯性,有效打击盗版和侵权行为。这种创新不仅保护了传统文化产业的合法权益,也为产业的可持续发展提供了有力保障。

### (三)文化传承与创新:实现双向驱动,共筑未来繁荣

跨界融合与产业创新不仅推动了传统文化产业的转型升级,也促进了文化的传承与创新。通过与现代科技、旅游、教育等领域的融合,传统文化得以在更广阔的范围内传播和弘扬。同时,产业创新也为传统文化注入了新的元素和活力,使其更加符合现代审美和市场需求。这种双向驱动的模式不仅有助于提升传统文化产业的竞争力和影响力,也为文化的传承和创新提供了更加坚实的基础。在未来,随着人工智能技术的进一步发展和应用,传统文化产业将迎来更加广阔的发展空间和无限可能。人工智能与传统文化产业的跨界融合与产业创新为整个产业带来了全新的发展机遇和挑战。通过不断拓展产业边界、催生新业态以及实现文化传承与创新的双向驱动,传统文化产业将在新的时代背景下焕发出更加绚丽的光彩。同时,需要积极应对挑战和问题,加强合作与交流,共同推动传统文化产业的可持续发展。

# 第六章　传统文化创新表达的
## 　　　　政府实践

## 第一节　北　　京

### 一、政策支持与引导

#### （一）政策框架

#### 1. 明确发展目标与重点任务

北京市政府在传统文化与科技结合的政策框架中,首先明确了发展目标。北京市政府认识到,传统文化是城市的灵魂,是民族精神的载体,而科技则是推动文化创新的重要动力。因此,政府将传统文化与科技结合作为文化发展的重点战略方向,旨在通过科技手段,让传统文化焕发新的活力,实现更好的传承与发展。在实现这一目标的过程中,政府明确了重点任务。首先,要深入挖掘传统文化的内涵和价值,通过科技手段进行数字化保护和重现。其次,要推动传统文化与现代科技的深度融合,创新表达方式和传播途径,使传统文化更加贴近现代生活,更易于被大众接受和喜爱。

最后,要加强传统文化产业与科技产业的合作与交流,共同探索文化产业发展的新路径。

**2. 提供优惠政策和财政支持**

为了推动传统文化与科技结合的项目落地实施,北京市政府提供了一系列的优惠政策和财政支持。这些政策包括但不限于税收减免、资金扶持和项目补贴等,旨在降低项目实施的成本和风险,提高项目的可行性和成功率。在税收方面,政府为符合条件的传统文化科技结合项目提供税收减免政策,减轻企业的税收负担,鼓励企业投入更多的资源进行科技创新和文化传承。在资金扶持方面,政府设立专项资金,对具有创新性、示范性和带动性的项目进行重点支持,推动项目快速落地并产生社会效益。此外,政府还根据项目实施的实际情况,给予一定的项目补贴,确保项目的顺利进行。

**3. 设立咨询服务平台与项目申报机制**

北京市政府深知传统文化机构和企业在与科技领域对接时可能面临的困难和挑战。因此,政府设立了专门的咨询服务平台,为这些机构和企业提供技术、市场和法律等方面的专业指导。通过这个平台,传统文化机构和企业可以及时了解最新的科技动态和市场信息,获取专业的技术咨询和解决方案,从而更好地与科技领域进行对接。同时,政府还建立了完善的项目申报机制,鼓励文化企业和研究机构积极申报与传统文化科技结合相关的项目。政府设立专门的评审委员会对项目进行评审和筛选,对于符合条件的项目将给予重点支持。这一机制不仅为传统文化科技结合的项目提供了展示和交流的平台,还激发了社会各界对传统文化创新的热情和参与度。北京市政府在传统文化创新表达的政府实践中,通过明确发展目标与重点任务、提供优惠政策和财政支持以及设立咨询服务平台与项目申报机制等措施,为传统文化与科技结合创造了有利的政策环境和支持体系。这些举措不仅有助于保护和传承传统文化,还能推动文化产业的创新发展,为北京市的文化繁荣和发展注入新的活力。同时,这些政策也体现了北京市政府对传统文化保护的坚定决心和对科技创新的高度重视,为传统文化的创新发展提供了坚实的政策保障和支持。

## (二)设立专项基金支持转型升级

### 1. 对传统文化转型升级的推动作用

文化科技融合专项基金的设立,为传统文化机构和企业进行技术创新、产品研发和市场推广等活动提供了资金支持。这一举措有效地促进了传统文化的现代化转型,使其能够更好地融入当代社会,焕发新的活力。在资金的支持下,传统文化机构和企业得以引进先进的科技手段,对传统文化进行数字化高清重现、智能化交互体验等方面的创新,从而让更多的人以更现代、更便捷的方式体验和感知传统文化的魅力。此外,专项基金还支持传统文化机构和企业进行市场推广,扩大传统文化的影响力和传播范围。通过资助各种文化活动和展览,以及利用互联网和新媒体进行宣传,使传统文化在更广泛的范围内得到传播和认同,进一步增强了传统文化的生命力和影响力。

## 2.专项基金申请与使用的规范性和严谨性

为确保专项基金的有效利用,北京市政府制定了严格的申请和使用规定。传统文化机构和企业需按照政府发布的指南和要求提交详细的申请材料,包括项目计划、预算、实施方案等。政府将组织专家对申请材料进行评审,确保资金投向具有创新性、可行性和社会效益的项目。在资金使用方面,政府要求传统文化机构和企业严格按照项目计划和预算进行支出,确保每一分钱都用在刀刃上。同时,政府还建立监督机制,定期对获得基金支持的项目进行评估和审计,以确保资金的有效利用和项目的顺利进行。对于违规使用资金的行为,政府将依法进行严肃处理,确保专项基金的公正、透明和高效使用。

## 3.专项基金对文化产业发展的深远影响

文化科技融合专项基金的设立,不仅对传统文化的保护和传承具有重要意义,更对文化产业的发展产生了深远影响。在专项基金的支持下,传统文化机构和企业得以与科技领域进行深度融合,推动了文化产业的技术创新和模式创新。这种创新不仅提高了文化产品的科技含量和附加值,更为文化产业的发展注入了新的动力。同时,专项基金的设立还吸引了更多的社会资本投入文化产业,促进了文化产业的多元化和市场化发展。在市场竞争的推动下,传统文化机构和企业需要不断提高自身的创新能力和市场竞争力,以适应市场的需求和变化。这种良性竞争的环境将有助于推动文化产业的整体提升和发展。

### (三)加强与高校、研究机构的合作

#### 1. 鼓励高校和研究机构深度参与传统文化研究

北京市政府充分认识到高校和研究机构在传统文化研究和创新表达方面的重要作用。这些机构拥有丰富的学术资源和研究实力,能够为传统文化的保护和传承提供科学支持和创新思路。因此,北京市政府鼓励高校和研究机构开设与传统文化相关的课程和研究项目,旨在培养既懂传统文化又懂科技的专业人才。为了实现这一目标,北京市政府提供了一系列的政策支持和资金扶持。设立专项研究基金,资助高校和研究机构开展传统文化相关的科研项目;推动产学研一体化,促进科研成果的转化和应用;加强与高校和研究机构的沟通与交流,及时了解他们的研究动态和需求,为他们提供更好的服务和支持。

#### 2. 搭建合作平台促进资源共享与协同创新

为了更好地促进高校、研究机构和传统文化企业之间的合作与交流,北京市政府积极搭建了一系列合作平台。这些平台包括文化科技产业园、创新实验室等,为各方提供一个交流和合作的场所。通过这些平台,高校、研究机构和传统文化企业可以共享资源、互通有无,共同推动传统文化的科技创新和发展。文化科技产业园作为一个集聚了众多文化企业和研究机构的综合体,为各方提供了良好的创新环境和资源共享机会。在这里,传统文化企业可以借助高校和研究机构的科研实力进行技术创新和产品研发;而高校和研究机构也可以通过与企业的合作,将科研成果转化为

实际应用,推动传统文化的创新发展。创新实验室则是政府为高校、研究机构和传统文化企业搭建的另一个重要平台。这些实验室配备了先进的设备和技术支持,为各方提供了良好的研发环境和实验条件。在这里,各方可以共同开展科研项目和技术创新活动,推动传统文化的数字化、智能化转型升级。

### 3. 定期举办活动促进成果展示与经验交流

为了加强高校、研究机构和传统文化企业之间的沟通与联系,北京市政府还定期组织举办文化科技论坛、研讨会等活动。这些活动为各方提供了一个展示成果、交流经验的平台,有助于推动传统文化的创新发展。在文化科技论坛上,来自不同领域和行业的专家学者齐聚一堂,共同探讨传统文化的保护、传承和创新问题。他们分享自己的研究成果和实践经验,为传统文化的创新发展提供有益的参考和借鉴。同时,北京市政府还鼓励企业参与论坛活动,与专家学者进行深入的交流和探讨,寻求合作共赢的机会。此外,北京市政府还定期举办传统文化创新展览等活动,展示高校、研究机构和传统文化企业在传统文化创新表达方面的最新成果。这些活动不仅提高了传统文化的知名度和影响力,还为传统文化的传承和发展注入了新的活力。

## 二、数字化保护与传承

### (一)建立完善的数字化档案与数据库

### 1. 深刻认识传统文化的珍贵性

北京市政府深知传统文化是中华民族的瑰宝,是历史与现代的桥梁,是民族精神的载体。因此,保护和传承传统文化,就是保护我们的历史记忆和文化根基。为了实现这一目标,北京市政府投入了大量资源,对古籍书画、历史文物、传统建筑等文化遗产进行了全面的数字化扫描与记录。这一过程中,北京市政府不仅看重文化遗产的物质价值,更重视其蕴含的精神价值和文化意义。

### 2. 引入先进技术确保数字化档案的准确性和完整性

为了确保数字化档案的准确性和完整性,北京市政府积极与专业的文化遗产保护机构合作,并引入了先进的技术手段。其中,3D扫描技术被广泛应用于文物的三维建模,这不仅能够记录文物的形状和结构,还能捕捉其表面的纹理和细节。无人机航拍技术则为传统建筑的全景记录提供了可能,从空中角度捕捉建筑的立面、屋顶等难以触及的部分。这些技术手段的引入,大大提高了数字化档案的精度和广度。此外,北京市政府还注重数字化过程中的质量控制。通过制定严格的操作规程和质量标准,确保每一件文物在数字化过程中都能得到精准的记录和保存。同时,北京市政府还建立了完善的数据管理系统,对数字化档案进行分类、编目和存储,以便后续的研究、教育和传播。

### 3. 为传统文化的保护与修复提供新的可能

数字化档案与数据库的建立,不仅为传统文化的保护与修复提供了新的可能,还为文化遗产的传承与利用开辟了新的途径。借助数字技术,我们可以更加精准地监测文物的保存状况,及时发现并处理潜在的损害风险。同时,通过数字技术的辅助,我们可以更加高效地进行文物的修复工作,减少对文物的物理干预,最大程度地保持其原始状态。此外,数字化档案还为传统文化的传播与教育提供了丰富的素材。通过将这些珍贵的文化遗产以数字化的形式呈现在公众面前,我们可以让更多的人了解和欣赏到传统文化的魅力。这不仅有助于加深公众对传统文化的认识和认同,还能激发年轻一代对传统文化的兴趣和热爱。

## (二)运用虚拟现实技术与增强现实技术重现历史场景

### 1. 身临其境的历史体验

北京市政府深知,让公众亲身感受传统文化的魅力,是激发其文化自豪感和归属感的关键。因此,政府积极运用 VR 技术和 AR 技术,在多个历史文化景点引入了先进的导览系统。当游客佩戴上特制的 VR 或 AR 设备时,便能立刻穿越时空,置身于逼真的历史场景中。无论是紫禁城的金碧辉煌,还是胡同里的市井生活,都仿佛触手可及。这种身临其境的体验,让游客们能够更加直观地了解北京的历史与文化,感受这座古都的繁华与韵味。此外,VR 技术和 AR 技术还为游客提供了个性化的游览体验。游客可以根据自己的兴趣选择不同的历史场景进行探索,深入了解各个时期的文化特色和历史背景。这种互动性和自主性极大地提升了游客的体验感,使他们能够更加深入地领略北京的历史底蕴。

### 2. 创新的教育方式

除了为游客提供独特的游览体验外,北京市政府还看到了 VR 技术和 AR 技术在教育领域的巨大潜力。北京市政府鼓励文化机构和企业开发基于这些技术的教育产品,旨在以更加生动有趣的方式向孩子们传授传统文化知识。通过这些产品,孩子们可以在游戏中扮演历史人物,亲身体验古代北京的生活与文化。这种寓教于乐的方式不仅激发了孩子们对传统文化的兴趣,还培养了他们的想象力和创造力。同时,北京市政府还积极推动 VR 技术和 AR 技术在学校教育中的应用。通过将这些技术引入课堂,教师可以为学生们创造更加生动、形象的教学环境。在历史课上,可以通过 VR 设备亲身感受历史事件的现场氛围;在美术课上,教师可以通过 AR 技术将名画栩栩如生地展现在学生们面前。这种创新的教学方式不仅提高了学生们的学习积极性,还加深了他们对传统文化的理解和认识。

### 3. 传统文化的有效传播

VR 技术和 AR 技术的应用还为传统文化的传播提供了新的途径。通过这些技术,北京市政府成功地将北京的历史文化景点"解构再创造"数字化高清重现,让更多的人能够通过网络平台随时随地游览这些景点。这不仅为无法亲自前往北京的游客提供了了解北京文化的机会,还扩大了北京文化的影响力。同时,北京市政府还利用 VR 技术和 AR 技术制作了一系列关于北京传统文化的宣传片和教育视频。这些视频通过社交媒体和网络平台进行广泛传播,让更多的人了解并爱上北京的传统文化。此外,政府还积极与其他国家和地区进行合作,将北京的 VR 和 AR 文化产品推向国际市场,进一步提升了北京文化的国际影响力。

**图 6-1　2024 北京 AI 原生产业创新大会暨北京
人工智能数据训练基地启动仪式**

## (三)线上线下融合推广传统文化

### 1. 线上平台的全面布局

为了顺应互联网时代的发展潮流,北京市政府充分利用线上平台,发布了大量关于传统文化的数字内容。这些内容涵盖了视频、音频、图文等多种形式,以丰富多彩的方式展现了传统文化的魅力。通过这些线上平台,网民可以随时随地了解和学习传统文化,无论是历史典故、民间艺术,还是传统节日、风俗习惯,都能轻松获取相关信息。为了进一步提升线上推广的效果,北京市政府还注重内容的更新与优化,确保信息的准确性和时效性。同时,通过大数据分析用户喜好,北京市政府能够精准推送个性化的文化内容,满足不同群体的需求。这种线上推广方式不仅打破了时间和空间的限制,让传统文化知识更加易于获取和传播,还激发了公众对传统文化的兴趣和好奇心。

## 2. 线下活动的亲身体验

北京市政府定期组织线下活动,为公众提供亲身参与并体验传统文化的机会。这些活动包括传统文化讲座、手工艺体验课、古迹游览等,旨在通过实践操作和亲身体验,让公众更加深入地了解传统文化的内涵和价值。在线下活动中,北京市政府注重活动的互动性和趣味性,鼓励公众积极参与并分享自己的体验感受。例如,在手工艺体验课中,公众可以亲手制作传统工艺品,感受传统手工艺的精湛技艺和独特魅力;在古迹游览中,北京市政府邀请专业导游讲解历史背景和文化内涵,让公众更加深入地了解北京的历史文化。这些线下活动不仅丰富了市民的文化生活,也有效地传播了北京的历史文化。通过这些线下活动,公众能够亲身感受传统文化的魅力,从而增强对传统文化的认同感和归属感。同时,这些活动也为传统文化的传承与发展注入了新的活力,让更多的人愿意投身于传统文化的保护与传承工作。

## 3. 社交媒体等网络平台的互动与交流

为了进一步加强与公众的互动和交流,北京市政府还积极利用社交媒体等网络平台。通过发布有趣的文化话题、组织线上竞赛等方式,政府成功吸引了更多人的关注和参与。这些互动活动不仅拉近了政府与公众之间的距离,还让传统文化以更加轻松有趣的方式呈现在公众面前。在社交媒体上,北京市政府注重与公众的实时互动,及时回应网民的关注和疑问。同时,通过分享传统文化知识、展示传统文化艺术等方式,政府不断激发公众对传统文化的兴趣和热爱。此外,政府还鼓励网民积极参与线上竞赛和活动,让更多的人有机会展示自己的才华和创意。

## 三、创新表达与传播

### (一)人工智能赋能传统文化创新表达

在传统文化领域,人工智能技术的应用为文化创新带来了无限可能。北京市政府紧跟科技潮流,鼓励和支持文化企业与科研机构合作,运用人工智能技术对传统文化进行现代化解读和再创造。一方面,北京市政府推动以人工智能为引擎的文化创意产业发展,打造了一批融合传统文化元素和现代科技手段的文创产品。例如,通过深度学习技术对古典文学作品进行语义分析和情感挖掘,生成富有现代感的诗词、歌曲和故事;利用自然语言处理技术,开发能够与用户进行智能对话的"文化机器人",提供个性化的文化体验和建议。另一方面,北京市政府还借助人工智能技术,对传统艺术形式进行创新表达。比如,通过计算机视觉和图像处理技术,对传统绘画进行高清数字化处理和智能分析,提取其艺术风格和元素,进而创作出既保留传统韵味又具有现代美感的艺术作品。

### (二)大数据与算法助力精准传播

在信息时代,大数据和算法的应用为传统文化的精准传播提供了有力支持。北京市政府充分利用这些技术手段,对传统文化内容进行了个性化推送。北京市政府通过建立完善的文化数据库和用户画像系统,收集并分析用户的浏览记录、兴趣爱好等信息,进而运用算法模型预测用户对传统文化内容的偏好和需求。基于这些分析结果,北京市政府通过各类媒体平台和社交网络,向用户精准推送符合其兴趣的传统文化内容,如定制化的文化资讯、艺术展览推荐、在线讲座等。

### (三)国际合作推动传统文化走向世界

在全球化背景下,推动传统文化的国际交流与传播显得尤为重要。北京市政府深知这一点,积极与国际文化机构展开合作,共同推动北京传统文化的国际影响力。北京市政府通过与国际博物馆、图书馆等文化机构的交流合作,举办了一系列以北京传统文化为主题的国际展览和文化交流活动。这些活动不仅展示北京丰富的历史文化底蕴和艺术魅力,也促进了中西方文化的相互理解与融合。此外,北京市政府还鼓励和支持本地文化企业"走出去",参加国际文化博览会、艺术节等活动,将北京的传统文化产品推向全球市场。通过这些国际化的展示和交流平台,北京的传统文化得到了更广泛的传播和认同,也为文化产业的国际化发展奠定了坚实基础。

# 第二节 上　　海

## 一、黄浦老字号的创新双循环模式

### (一)老字号的传承与创新

**1. 坚守传统,弘扬文化精髓**

黄浦老字号在传承中,始终坚守着自己的品牌特色和产品质量。他们深知,只有保持住那份独特的"老味道",才能在激烈的市场竞争中站稳脚跟。这些老字号品牌的产品,往往蕴含着几代人的心血和智慧,是中华民族的瑰宝。因此,在创新的过程中,他们始终不忘本源,将传统文化的精髓融入其中,使得每一款产品都散发着浓郁的文化气息。为了更好地弘扬传统文化,黄浦老字号还积极参与各种文化活动,如非遗展览、文化交流会等,通过与公众的互动,让更多人了解和认识这些传统品牌的独特魅力。他们深知,只有让传统文化活在当下,才能真正实现传承的价值。

**2. 创新求变,适应市场需求**

传承并不意味着故步自封。黄浦老字号在坚守传统的同时,也积极寻求创新。他们深知,要想在日新月异的市场环境中立足,就必须紧跟时代步伐,不断创新产品和服务。这些老字号品牌通过市场调研,深入了解消费者的需求和喜好,针对性地开发出了一系列新产品和服务。在产品创新上,他们结合现代科技和传统工艺,推出了更具特色和竞争力的产品。例如,通过引入先进的生产技术和管理模式,提高产品的品质和附加值;通过与现代设计师合作,打造出更符合现代审美趋势的产品外观和包装设计。这些创新举措不仅提升了产品的市场竞争力,也进一步巩固了老字号品牌的行业地位。在服务创新上,黄浦老字号也下足了功夫。他们通过完善售后服务体系、提高客户服务质量等方式,为消费者提供更加贴心、专业的服务体验。这种以客户为中心的服务理念,不仅赢得了消费者的信任和喜爱,也为老字号品牌树立了良好的口碑形象。

**3. 跨界合作,拓展发展空间**

为了进一步拓展发展空间,黄浦老字号还积极寻求与其他产业或品牌的跨界合作。通过与时尚、艺术、旅游等产业的深度融合,这些老字号品牌成功打破了传统行业的界限,为自身发展注入了新的活力。将传统文化元素与现代时尚设计相结合,吸引了众多年轻消费者的关注;与艺术机构合作,举办艺术展览和文化沙龙活动,提升了品牌的文化内涵和社会影响力;与旅游部门合作,开发文化旅游线路和产品,让更多人在游览上海的同时,也能深入了解这些老字号品牌的历史和文化底蕴。这种跨界合作的模式不仅为老字号品牌带来了更多的商业机会和发展空间,也进一步丰富了上海的文化旅游市场。

## (二)创新双循环模式的构建与实践

**1. 内外资源的高效整合**

创新双循环模式的核心在于高效整合内外资源,形成互补与

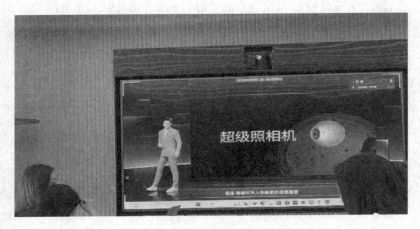

图 6-2　走进上海"人工智能"产业

协同的效应。黄浦区作为上海的商业中心,拥有丰富的商业资源和文化底蕴。老字号企业在这一模式中,充分发挥了自身的品牌影响力和市场渠道优势,与外部资源进行深度对接。例如,通过与高校、科研机构等建立产学研合作关系,老字号能够引入先进的技术和管理理念,提升自身的创新能力。同时,黄浦区政府也积极推动公共创业服务、社会服务机构等资源与老字号企业的对接,形成了一个多方参与、互利共赢的创新生态系统。在资源整合的过程中,老字号企业还注重挖掘和利用内部资源。他们通过建立完善的内部创新机制,鼓励员工提出创新意见和建议,从而充分激发企业内部的创新活力。这种内外资源的整合,使得老字号企业在保持传统特色的同时,能够快速适应市场变化,实现持续创新。

## 2. 创新链条的完善与优化

创新双循环模式的另一个重要环节是完善和优化创新链条。

老字号企业在这一过程中,不仅关注产品的研发和生产环节,还延伸至市场营销、客户服务等各个方面。他们通过与市场紧密对接,及时了解消费者需求和市场趋势,从而调整产品策略,满足消费者的个性化需求。同时,老字号企业还注重与供应链上下游企业的合作与协同。他们通过与供应商、分销商等建立长期稳定的合作关系,确保原材料的稳定供应和产品的顺畅销售。这种全链条的创新管理,使得老字号企业在市场竞争中始终保持领先地位。

**3. 持续学习与动态调整**

创新双循环模式的实践过程中,老字号企业始终坚持持续学习和动态调整的原则。他们深知市场环境在不断变化,只有不断学习新知识、新技术,才能跟上时代的步伐。因此,老字号企业定期组织员工培训、技能提升等活动,提高员工的综合素质和创新能力。此外,老字号企业还注重对市场的敏锐洞察和快速响应。他们通过实时监测市场动态和消费者反馈,及时调整产品策略和市场策略。这种动态调整的能力,使得老字号企业能够在激烈的市场竞争中立于不败之地。

## (三)创新成果与社会影响

### 1. 传统文化元素的现代转化

上海市政府积极推动传统文化的现代转化,通过与现代艺术设计相结合,使传统文化元素以全新的面貌呈现在公众视野中。例如,在时装、家居用品、文化创意产品等领域,都可以看到上海设计师巧妙地将传统图案、色彩等元素融入现代设计中,创造出既具有传统文化底蕴又符合现代审美需求的作品。这种创新表达方式不仅让传统文化焕发了新的生机,也拓宽了传统文化的受众群体。越来越多的年轻人开始关注和喜爱这些融合了传统文化元素的产品,从而进一步推动了传统文化的传承与发展。同时,这也为上海的文化创意产业注入了新的活力,促进了经济的增长。

### 2. 文化活动的丰富多样

上海市政府还通过举办各种文化活动,如传统戏剧表演、民间艺术展览、非遗技艺传承等,让公众亲身感受和体验传统文化的魅力。这些活动不仅丰富了市民的文化生活,也提升了公众对传统文化的认知和认同感。上海市政府还积极推动传统文化进校园活动,通过与教育部门合作,将传统文化课程纳入学校教学体系,让更多的青少年了解和学习传统文化。这种教育方式不仅培养了学生的文化素养,也为传统文化的长远发展奠定了坚实的基础。

### 3. 国际文化交流与合作

上海市政府还注重传统文化的国际交流与合作。通过举办国际文化节、艺术展览等活动,向世界展示了中国传统文化的独特魅力。同时,上海积极引进国外的优秀文化艺术作品,为市民提供了多元文化的体验。在国际文化交流中,上海不仅提升了自身的文化软实力,也增强了中华文化的国际影响力。这种跨文化的交流与合作,有助于增进不同国家人民之间的友谊与理解,为构建人类命运共同体作出了积极贡献。此外,上海市政府还鼓励本土文化企业"走出去",参与国际文化市场的竞争与合作。通过政策扶持和资源整合,培育了一批具有国际竞争力的文化企业和品牌,推动了上海文化创意产业的国际化发展。

## 二、传统工艺振兴与品质提升

### （一）上海传统工艺的现状与挑战

**1. 传统工艺的传承困境**

上海的传统工艺,如刺绣、雕刻、陶瓷等,都是历代匠人智慧的结晶,蕴含着深厚的文化底蕴。然而,随着时代的变迁,这些传统工艺的传承面临着巨大的困境。一方面,年轻一代对传统工艺的兴趣逐渐减弱,他们更倾向于追求现代化的生活方式和职业发展,导致传统工艺后继无人。另一方面,许多传统工艺的制作过程烦琐且耗时,需要匠人长时间的磨炼和精湛的技艺,这使得很多人望而却步,难以坚持下去。为了改变这一现状,上海市政府需要加强对传统工艺的宣传和教育,提高年轻一代对传统工艺的认识和兴趣。同时,政府和社会各界应加大对传统工艺传承人的扶持力度,为他们提供更好的生活和发展条件,从而鼓励更多的人投身到传统工艺的传承事业中。

**2. 市场竞争与技术革新的挑战**

在现代市场竞争激烈的环境下,上海的传统工艺也面临着巨大的挑战。一方面,随着科技的进步和工业生产的发展,许多传统工艺品被现代化的产品所取代,市场需求逐渐减少。另一方面,一些传统工艺品的制作过程仍然停留在手工作坊的阶段,生产效率低下,难以满足大规模的市场需求。为了应对市场竞争和技术革新的挑战,上海的传统工艺需要不断创新和改进。一方面,可以运用现代科技手段对传统工艺进行改造和升级,提高生产效率和产品质量。另一方面,传统工艺品的设计也需要与时俱进,融入现代审美元素和实用性考虑,以吸引更多的消费者。

### 3. 文化保护与商业开发的矛盾

在保护传统工艺的同时,如何平衡商业开发与文化传承之间的关系也是上海面临的挑战之一。一方面,商业开发可以为传统工艺注入新的活力,推动其走向市场并实现经济价值。另一方面,过度的商业开发可能会破坏传统工艺的原汁原味,损害其文化价值。为了解决这一矛盾,需要制定合理的文化保护政策和商业开发策略。上海市政府应加大对传统工艺的保护力度,制定严格的法律法规来规范市场秩序和保护知识产权。同时,商业开发者也应注重对传统工艺文化内涵的挖掘和传承,避免过度开发和破坏。通过政府、企业和社会各界的共同努力,实现传统工艺保护与商业开发的良性互动。

## (二)振兴传统工艺的政策与计划

### 1. 设立专项资金与扶持计划

为了促进传统工艺的振兴,上海市政府设立了专项资金,用于支持传统工艺的研发、创新和市场推广。这些资金不仅鼓励传统工艺匠人继续深耕技艺,还为他们提供了与现代设计理念相结合的机会,从而创造出更符合现代审美和实用性的工艺品。此外,政府还推出了扶持计划,为传统工艺企业提供税收减免、租金补贴等优惠政策,降低其运营成本,提高市场竞争力。通过这些措施,政府旨在创造一个有利于传统工艺发展的环境,让更多的人能够接触、了解和欣赏到这些独特的文化遗产。

### 2. 推动产学研合作与创新研发

上海市政府深知,要想让传统工艺真正融入现代社会,就必须推动其与时俱进。因此,政府积极搭建产学研合作平台,邀请高校、科研机构与传统工艺企业共同参与创新研发。

通过这一平台,传统工艺匠人可以与专家学者进行深度交流,汲取现代设计的灵感和理念;同时,科研机构也能为传统工艺提供技术支持,帮助其实现产业升级和品质提升。这种产学研相结合的模式,不仅有助于传统工艺的创新发展,还能为其培养更多的后备人才,确保技艺的代代相传。

### 3. 文化推广与国际交流

为了让更多的人了解和欣赏上海的传统工艺,市政府还积极开展文化推广活动。通过举办展览、讲座、工作坊等形式,将传统工艺的魅力展现给公众,让更多的人亲身感受和体验到传统文化的深厚底蕴。此外,上海市政府还注重传统工艺的国际交流与合作。通过参与国际文化展览、举办文化交流活动等方式,上海向世界展示了其独特的传统工艺和文化魅力。这不仅有助于提升上海的国际形象和文化软实力,还能为传统工艺开拓更广阔的市场空间。上海市政府在振兴传统工艺方面做出了积极的努力和实践。通过设立专项资金与扶持计划、推动产学研合作与创新研发以及加强文化推广与国际交流等措施,上海市政府为传统工艺的振兴创造了有利的条件和环境。这些政策与计划的实施,不仅有助于保护和传承传统文化,还能为上海的文化产业和经济发展注入新的活力。未来,我们期待看到更多的传统工艺在政府的扶持下焕发新的生机与活力。

## (三)传统工艺与现代设计的融合创新

### 1. 传统元素与现代审美的碰撞与融合

传统工艺中蕴含着丰富的文化元素和独特的审美观念,这些元素和观念是现代设计可以借鉴的宝贵资源。在现代设计中融入传统工艺元素,可以使设计作品更具文化底蕴和艺术价值。例如,在服装设计中,设计师可以运用传统的刺绣、扎染等工艺,结合现代时尚元素,创造出既古典又现代的服饰作品。这种融合不仅展现了传统工艺的精湛技艺,也符合现代人对美的追求和审美趣味。同时,现代设计可以对传统工艺元素进行提炼和再创造,形成新的设计语言和符号。设计师可以运用现代设计手法,对传统元素进行解构、重构和再创造,从而创造出既具有传统文化韵味又富有现代感的设计作品。这种融合方式不仅丰富了现代设计的表现手法,也使传统工艺在现代设计中焕发出新的光彩。

### 2. 传统工艺材料与现代科技材料的结合

传统工艺中使用的材料往往具有独特的质感和美感,如竹编、陶瓷、丝绸等。这些材料不仅承载着传统文化的记忆,也为现代设计提供了丰富的创作素材。在现代设计中,设计师可以巧妙地将传统工艺材料与现代科技材料相结合,创造出别具一格的设计作品。例如，在家居设计中，设计师可以运用传统的木艺、竹编等工艺材料，结合现代的金属、玻璃等材料，打造出既具有古典韵味又充满现代感的家居环境。这种融合不仅展现了传统工艺材料的独特魅力，也提升了现代设计的品质和格调。同时，现代科技也为传统工艺材料的创新应用提供了可能。例如，通过运用先进的加工技术和材料科技，可以改善传统材料的性能，拓宽其应用领域。这种融合创新不仅提升了传统工艺材料的实用价值，也为其注入了新的生命力。

### 3. 传统工艺技法与现代设计理念的交融

传统工艺中蕴含着精湛的技艺和独特的制作流程，这些技艺和流程是现代设计可以借鉴的宝贵财富。在现代设计中融入传统工艺技法，可以使设计作品更具匠心和独特性。例如，在产品设计中，设计师可以运用传统的雕刻、镂空等工艺技法，结合现代的设计理念，创造出别具一格的产品形态和细节表现。同时，现代设计理念可以对传统工艺技法进行改进和优化，使其更加符合现代审美和实用性需求。设计师可以运用现代的设计方法和技术手段，对传统工艺技法进行创新和提升，从而创造出更具创意和实用性的设计作品。这种融合创新不仅丰富了现代设计的表现形式，也推动了传统工艺技法的传承和发展。

# 第三节　其他重点城市

## 一、广州市——岭南文化的传承与创新

### （一）广州市政府对岭南文化的保护与发展策略

#### 1. 政策支持

广州市政府深知,要想有效地保护与发展岭南文化,首先必须从法治和政策层面着手。为此,政府出台了一系列针对文化遗产保护的法律法规,明确了文化遗产的定义、分类、保护原则及具体措施。这些法规不仅为文化遗产的保护提供了法律依据,还确保了相关工作的有序进行。除了法治建设,政府还通过制定优惠政策来鼓励社会各界参与到岭南文化的保护与发展中来。例如,对于从事岭南文化传承与创新的企业或个人,政府给予税收减免、资金扶持等优惠政策,以此激发社会各方面的积极性和创造力。此外,广州市政府还设立了文化遗产保护专项资金,用于支持文化遗产的普查、登记、保护、修复和研究工作。这一举措确保了文化遗产得到及时有效的保护,也促进了相关科研工作的深入开展。

#### 2. 推动文化产业发展与文化创新

在保护传统文化的同时,广州市政府注重文化产业的创新与发展。广州市政府积极引导社会资本投入文化产业,推动岭南文化与现代文化产业深度融合,创造出更多具有市场竞争力的文化

产品和服务。一方面,广州市政府鼓励文化企业深入挖掘岭南文化的内涵和价值,开发出具有岭南特色的文化产品,如影视剧、动漫、游戏等。这些产品不仅丰富了人们的精神文化生活,还有效地传播了岭南文化。另一方面,广州市政府还支持文化企业与高校、研究机构等开展产学研合作,共同推动岭南文化的创新与发展。这种合作模式,不仅能够培养更多的文化创新人才,还能为岭南文化的传承与发展注入新的活力。

### 3. 加强国际文化交流与合作

广州市政府深知,要想让岭南文化走向世界,必须加强国际文化交流与合作。为此,广州市政府积极开展对外文化交流活动,将岭南文化推向国际舞台。广州市政府定期组织各类文化展览、艺术节等活动,邀请世界各地的文化机构和艺术家来广州进行交流与合作。这些活动不仅为国内外艺术家提供了一个展示才华的平台,还促进了不同文化之间的交流与融合。同时,广州市政府还注重与国际文化组织的合作。通过与联合国教科文组织等国际机构的合作,广州成功地将岭南文化推向了世界舞台。这些合作不仅提升了岭南文化的国际影响力,还为广州的文化发展带来了新的机遇和挑战。此外,为了更好地推广岭南文化,广州市政府还积极推动岭南文化的海外传播工作,支持文化企业"走出去",在海外设立分支机构或代表处,开展文化交流与合作项目。这些举措有效地扩大了岭南文化的国际影响力,增进了世界各国对岭南文化的了解和认同。

## （二）传统粤剧、广州塔等文化符号的创新利用

### 1. 传统粤剧与人工智能的结合

传统粤剧作为岭南文化的瑰宝，拥有深厚的历史底蕴和艺术价值。然而，随着时代的变迁，粤剧面临着传承和发展的挑战。在人工智能时代，我们可以运用先进的技术手段，为粤剧的传承和创新提供新的可能。利用人工智能技术对传统粤剧的音视频资料进行数字化高清修复和智能化分析。通过这种方式，不仅可以保存和修复珍贵的粤剧资料，还能为研究者提供更加便捷和高效的研究工具。同时，借助虚拟现实（VR）技术和增强现实（AR）技术，可以打造沉浸式的粤剧观赏体验，让观众仿佛置身于粤剧的舞台之中，更加直观地感受粤剧的魅力。通过深度学习和自然语言处理技术，人工智能可以分析大量的粤剧剧本和表演数据，为编剧和导演提供创作灵感和编排建议。这不仅可以提高粤剧创作的效率和质量，还能为粤剧的创新提供更多可能性。通过社交媒体和短视频平台，可以利用人工智能技术制作富有创意和吸引力的粤剧宣传内容，吸引更多年轻人关注和喜爱粤剧。同时，借助大数据和智能推荐算法，可以精准地将粤剧内容推送给感兴趣的用户，提高粤剧的曝光度和影响力。

### 2. 广州塔作为文化符号的创新利用

广州塔作为广州市的标志性建筑，不仅是城市的地标，更是岭南文化的重要符号。在人工智能时代，我们可以从多个方面对广州塔进行创新利用，进一步提升其文化内涵和影响力。利用人工

智能技术为广州塔打造智能化的导览系统。通过安装智能传感器和识别设备,实现游客的自动识别和个性化导览服务。游客可以通过手机或智能设备获取实时的导览信息和互动体验,更加深入地了解广州塔的历史和文化背景。运用先进的投影技术和智能化灯光系统,为广州塔打造独具特色的光影秀。结合音乐和故事情节,通过光影的变换和组合,展现出岭南文化的独特魅力和现代感。这种创新的光影表达方式不仅可以吸引更多游客前来观赏,还能为广州塔增添更多的文化内涵和艺术价值。

**3. 传统文化的智能化传播与推广**

在人工智能时代,传统文化的传播和推广方式需要与时俱进。广州市可以借助人工智能技术,打造全方位的传统文化传播体系。利用大数据和智能推荐算法,精准地将传统文化内容推送给感兴趣的用户。通过分析用户的浏览习惯和兴趣偏好,为用户定制个性化的文化内容推荐服务,提高传统文化的曝光度和影响力。借助社交媒体和短视频平台等新媒体渠道,制作富有创意和吸引力的传统文化宣传内容。通过人工智能技术优化视频剪辑和特效处理等环节,提高宣传内容的制作效率和质量。同时,利用新媒体的互动性和即时性特点,吸引更多用户参与传统文化的传播和推广活动。

## (三)广府庙会等民俗活动的现代化演绎

### 1. 融合现代科技与艺术元素

在现代化演绎的过程中,广府庙会积极融合现代科技与艺术

**图 6-3    广州海珠建设全国首个人工智能大模型应用示范区**

元素,为传统民俗活动注入了新的生命力。一方面,通过引入先进的声光电技术,打造炫酷的舞台效果和灯光秀,让观众在享受传统文化的同时,也能感受到现代科技的魅力。例如,在庙会现场利用投影技术打造沉浸式光影体验区,让观众身临其境地感受岭南文化的独特魅力。另一方面,广府庙会还邀请现代艺术家和设计师参与活动策划和设计,将现代艺术元素巧妙地融入传统民俗活动中。比如,在庙会现场设置现代艺术装置和雕塑,或者将传统工艺与现代设计相结合,创作出独具特色的文创产品,让观众在欣赏传统文化的同时,也能领略到现代艺术的魅力。此外,广府庙会还利用虚拟现实(VR)技术,为观众提供沉浸式的文化体验。通过佩戴VR眼镜,观众可以穿越时空,亲身体验古代庙会的盛况和岭南地区的传统文化氛围。这种创新的展示方式不仅让观众更加深入地了解岭南文化,还增强了活动的互动性和趣味性。

## 2. 创新活动形式与内容

为了让广府庙会等传统民俗活动更加贴近现代观众的需求,活动组织者不断创新活动形式和内容。一方面,通过举办各类互动体验活动,让观众更加深入地了解传统文化的内涵和价值。比如,在庙会现场设置手工艺体验区,让观众亲手体验剪纸、糖画等传统手工艺制作过程,感受传统文化的独特魅力。另一方面,广府庙会结合时下流行的文化元素和娱乐方式,推出了一系列创新的活动形式。比如,举办以岭南文化为主题的音乐节、舞蹈大赛等文艺活动,吸引更多年轻人参与,或者将传统民俗与现代游戏相结合,设计出富有创意的互动游戏环节,让观众在轻松愉快的氛围中感受传统文化的魅力。此外,广府庙会还注重与非物质文化遗产的结合,邀请非遗传承人在现场进行技艺展示和教学活动,让观众更加直观地了解非物质文化遗产的独特魅力和制作工艺。这种创新的活动形式不仅丰富了庙会的内容,还为非遗文化的传承和发展提供了新的途径。

## 3. 强化社交互动与传播力度

在现代化演绎的过程中,广府庙会还注重强化社交互动和传播力度,让更多的人了解和参与到这一传统民俗活动中来。一方面,通过搭建线上社交平台,让观众可以在活动现场进行实时互动和交流。比如,利用微信公众号、小程序等渠道发布活动信息和互动环节,吸引更多观众参与并分享自己的体验感受。另一方面,广府庙会还充分利用社交媒体和网络平台进行宣传推广。通过发布精美的海报、视频和直播等形式多样的宣传内容,吸引更多网友关注和转发。同时,与知名网红、博主等合作开展线上推广活动,借助他们的影响力和粉丝基础扩大庙会的知名度和影响力。

## 二、成都市——川蜀文化的现代诠释

### (一)成都市在传统文化保护与推广上的举措

成都市在传统文化保护与推广上的举措可谓多方面的。除了法治保障,成都市还非常注重传统文化的推广。成都市政府鼓励和支持各类文化机构举办传统文化展览、演出等活动,让更多的市民和游客能够亲身体验到川蜀文化的魅力。此外,成都市还与多所高校和研究机构合作,共同开展传统文化的研究与传播工作,培养了一批批热爱传统文化、具备专业素养的文化传承人才。

### (二)川剧、变脸等传统文化的创新表现方式

川剧和变脸作为成都市的标志性传统文化,一直在寻求创新与发展。在人工智能时代,这些传统文化与科技的结合,为观众带来了全新的体验。川剧这一古老的戏曲形式,通过与现代舞美技术的结合,打造出炫酷的舞台效果。利用先进的灯光、音响和舞美设计,川剧的演出更加生动有趣,吸引了更多年轻观众的关注。同时,川剧还积极与其他艺术形式相融合,如与现代舞、街舞等结合,创作出独具特色的新作品,让传统戏曲焕发出新的活力。变脸作为川剧的一大特色,也在不断创新中。借助现代科技手段,变脸的表演形式更加多样化。例如,通过运用虚拟现实(VR)技术,观众

可以身临其境地体验变脸的奇妙过程；利用增强现实（AR）技术，观众还可以与变脸演员进行互动，感受这一传统技艺的独特魅力。

## （三）锦里古街等历史街区的保护性开发与文化传承

锦里古街作为成都市的历史文化街区之一，承载着丰富的历史文化信息。在保护性开发的过程中，成都市注重保持街区的历史风貌和文化特色，同时对街区进行必要的修缮和改造，使其更加适应现代都市的生活需求。在锦里古街的开发过程中，政府引入了人工智能技术，为游客提供更加便捷和丰富的旅游体验。通过智能导览系统，游客可以轻松地了解到街区的历史和文化背景；借助虚拟现实技术，游客还可以在古街上体验到穿越时空的感觉，感受到古代成都的生活气息。同时，锦里古街还举办了各种传统文化活动，如川剧表演、茶艺展示等，让游客在游览古街的同时，也能领略到川蜀文化的独特魅力。这些活动不仅丰富了街区的文化内涵，也为传统文化的传承与发展提供了新的平台。此外，成都市还鼓励当地居民参与街区的保护工作。通过培训和指导，居民们了解到了传统文化的价值和保护意义，他们积极参与到街区的日常管理和维护工作中来，为街区的可持续发展贡献了自己的力量。

## 三、西安市——古都文化的创新重现

### （一）西安市政府对古都文化的复兴计划

西安市政府深知古都文化对于城市发展的重要性，因此制订了一系列复兴计划,旨在保护和传承这份独特的历史文化遗产。西安市政府加大了对历史遗迹的修缮和保护力度,投入巨资对受损的古建筑进行修复,确保其历史原貌得以完好保存。同时,西安市政府还积极推动文化创意产业的发展,鼓励将传统文化元素融入现代产品设计,打造出具有西安特色的文化品牌。在复兴计划中,西安市政府特别注重利用人工智能技术来提升古都文化的展示效果。西安市政府与专业机构合作,共同研发出智能化的导览系统,为游客提供个性化的游览体验。游客可以通过手机或平板电脑等终端设备,随时随地获取关于历史遗迹的详细信息,还能享受到虚拟实景导览服务,仿佛身临其境地感受古都的历史韵味。

## (二)秦始皇陵、大雁塔等历史遗迹的现代化展示

秦始皇陵和大雁塔是西安市最具代表性的历史遗迹之一。为了让游客更加深入地了解这些历史遗迹的背后故事,西安市采用了现代化展示手段,将人工智能技术融入其中。在秦始皇陵的展示中,通过引入增强现实(AR)技术,游客可以在手机或平板电脑上看到虚拟的兵马俑形象,仿佛置身于千年之前的秦朝时代。同时,利用大数据和人工智能技术,对秦始皇陵的考古发掘过程进行数字化重现,让游客更加直观地了解这一伟大考古发现的全过程。大雁塔的现代化展示则更加注重互动性和趣味性。通过安装智能传感器和互动屏幕,游客可以触摸到屏幕上的古代经文和佛像,感受到历史的厚重感。此外,还利用虚拟现实(VR)技术为游客打造出穿越时空的体验,让他们仿佛置身于唐朝的盛世氛围之中。

### （三）传统陕西文化的国际交流与推广

在人工智能时代背景下，西安市政府积极拓展传统陕西文化的国际交流与推广渠道。西安市政府举办了丰富多彩的文化交流活动，邀请世界各地的文化代表团来西安参观访问，亲身感受古都文化的魅力。同时，还利用互联网平台开展线上文化交流活动，让更多人了解陕西文化的独特之处。为了更好地推广陕西文化，西安市政府还借助人工智能技术制作了多语种的文化宣传资料，包括视频、图片和文字介绍等。这些资料通过社交媒体和旅游平台进行广泛传播，吸引了大量海外游客前来西安旅游观光。此外，西安市政府还与国际知名文化机构合作，共同举办陕西文化主题展览和艺术演出等活动，进一步提升了陕西文化在国际上的知名度。西安市政府还致力于打造具有国际化特色的文化创意产品。通过挖掘陕西文化的深层内涵和特色元素，结合现代设计理念和技术手段，西安市开发出一系列具有市场竞争力的文化创意产品。这些产品不仅丰富了西安旅游市场的供给，还为传统文化的传承与发展注入了新的活力。

# 参 考 文 献

［1］赵璐.人工智能时代中华优秀传统文化融入数字自我的建构路径与未来向度［J］.贵州大学学报（艺术版），2024，38（02）：26-31.

［2］毛楷仁.对于人工智能赋能通识选修课课程思政的探索［J］.现代商贸工业，2024，45（08）：204-206.

［3］王荣珍，李烁，邢斌，等.人工智能背景下学校传承中华优秀传统文化的探索［J］.办公自动化，2024，29（03）：10-14.

［4］谭昶，刘啸，冯安全，等.人工智能技术在数字家庭建设中的应用与展望［J］.建设科技，2023（24）：12-15.

［5］朱松纯.为人文赋理：从通用人工智能视角看中国思想［J］.国家现代化建设研究，2024，3（01）：42-66.

［6］汪永亮.基于人工智能的中华优秀传统文化传播模式创新［J］.长春师范大学学报，2023，42（07）：177-180.

［7］宗祖盼.从传统迈向新型：文化企业数字化转型的内涵认知、制约因素与路径选择［J］.同济大学学报（社会科学版），2023，34（03）：60-71.

［8］马进，张彤彤，钱晓松，等.人工智能在非物质文化遗产保护与

传承中的应用研究现状[J].包装工程,2023,44(08):1-14+36.

[9]张元,马志同.人工智能时代落实立德树人根本任务研究[J].学校党建与思想教育,2024,(05):88-90.

[10]张晓婧,丁明玉.人工智能时代的道德教育:机遇、挑战与对策[J].昆明理工大学学报(社会科学版),2023,23(02):119-126.

[11]马琳.人工智能与传统文化创新融合发展的解决之道探索[J].文化创新比较研究,2023,7(05):191-194.

[12]杨娟.人工智能时代的中华文化传播力研究[J].人民论坛,2023(02):107-109.

[13]李莉,姜劲晖,王廷梅.人工智能时代中华优秀传统文化的传承和推广[J].现代商贸工业,2022,43(23):79-80.

[14]汤欣雯.中国传统文化主题的AI艺术创作与效果研究——以人工智能综艺节目《机智过人》为例[J].视听,2022(11):40-43.

[15]叶锦华.近20年新技术革命与儒家文化关系研究综述[J].阴山学刊,2021,34(06):56-61.

[16]王新宏,朱定局.人工智能赋能高校传统文化教育的理论维度和模式转换[J].韩山师范学院学报,2022,43(01):99-102.

[17]张雨晴.人工智能在中国传统纹样保护与传承中的应用研究[J].今古文创,2022(17):72-74.

[18]王婧.新时代智能媒体给传统媒体带来的文化变革[J].边疆经济与文化,2022(06):112-114.

[19]郝娟."人工智能+"视阈下文化创意产业融合发展——以山东文创产业为例[J].现代企业,2021(12):150-151.

[20]车圣龙.人工智能背景下中华传统文化所面临的挑战和传承路径[J].文化创新比较研究,2021,5(35):119-122.

[21]潘海霞.浅析传统手工艺现当代发展传播新路径[J].大众文艺,2021(21):79-80.

[22]强玉红.高校优秀传统文化育人功能达成研究[J].产业与科技论坛,2021,20(19):119-120.

[23]王志花.智能制造背景下高职院校工科学生工匠精神培养——评《新工匠精神:人工智能挑战下如何成为稀缺人才》[J].皮革科学与工程,2021,31(04):95.

[24]姚天冲,杨世照.人工智能视域下的高校文科教育发展思考[J].大学教育,2021(08):91-94.

[25]许锐.信息时代背景下少数民族传统文化融入服装专业的教学实践探索[J].化纤与纺织技术,2021,50(06):159-160.

[26]李沛涵.人工智能参与传统文化传承的创新与挑战——以《中国诗词大会》为例[J].中国报业,2020(24):24-25.

[27]耿玉芳,孟强.人工智能与传统文化创新融合的解决之道[J].出版广角,2020(16):41-43.

[28]周建新,谭富强.中华优秀传统文化在人工智能时代的发展模式创新[J].中原文化研究,2020,8(04):36-42.

[29]刘志筠.人工智能与传统文化深度融合的多维路径[J].中国国情国力,2020(05):26-28.

[30]车敬笑,肖燕怜.利用人工智能技术传播和弘扬乡村优秀传统文化[J].海南师范大学学报(社会科学版),2020,33(02):81-87.